il y a [illegible] qu'il y a une [illegible]
[illegible] & par [illegible]
[illegible] [illegible] dans le
Dictionnaire [illegible]
in 4°.

DICTIONNAIRE

COLLOQVES

FRANCOIS ET BRETON.

Traduits du François en Breton par
G. QVIQVER *de Roscoff:* Li-
ure neſſaire tant aux François que
Bretons, ſe frequentans, & qui
n'ont l'intelligēce des deux langues.

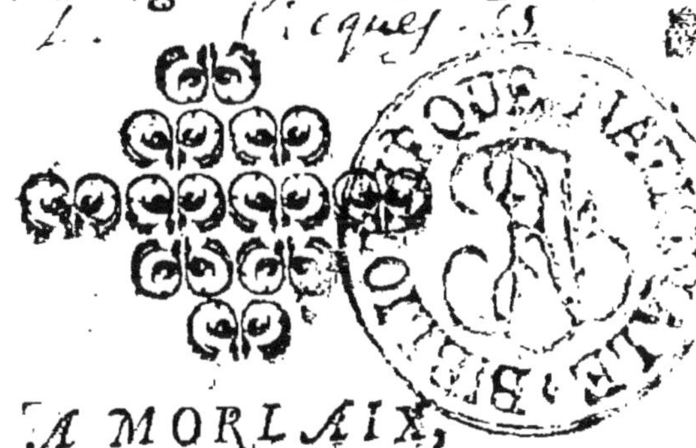

A MORLAIX,

De l'Imprimerie de GEORGE
ALLIENNE.
M. DC. XXVI.

Auec Priuilege du Roy.

φαγοπότη

Caraguin

di Brisser

L'Imprimeur au Lecteur

AMY Lecteur, plusieurs personnes de diuerses qualitez, ayans des affaires en ce pays de basse Bretaigne, qui n'ont l'intelligence de son vulgaire Breton, & mesme des naturels Bretons, m'ont persuadé que ie ferois bien au public de faire sortir de mon Imprimerie vn Liure qui luy peust faciliter l'intelligence des deux langues par correspondances d'icelles, desirant gratiffier & aux vns & aux autres, i'ay fait traduire le present Liure, que ie vous presente authorisé de sa Maiesté, par Priuilege special pour cinq ans, comme verrez par l'Extraict d'iceluy en la page 69. signature F. Si ie voy que l'Oeuure soit receuë benignement, les cinq ans expirez (Dieu me donnant vie) ie supplieray sa Maiesté de la continuation d'iceluy, pour le vous faire reuoir augmenté de moitié, & en quatre langues. Outre sa disposition que trouuerez en la table folio 14. 15. &c. Vous y auez de plus les Coniugaisons & plusieurs Prieres Breton & François, & deux traitez, l'vn de la prononciation Françoise, & l'autre de la prononciation Bretonne: que i'espere qu'aurez agreable. Adiciu

A ij

AV LECTEVR.

A My lecteur
à ce liure
est tant vtile
& proffitable,
& l'vsage d'iceluy
tant necessaire,
que sa valeur,
voire de gens sçauans,
n'est assez
à priser:
car il n'y a personne en France
& Bretaigne
(negotiant)
qui n'ait affaire
de ces deux langues
qui sont icy
escrites
& déclarées:
Car soit que quelcun
face marchandise,

DA LENNER.

O Va mignon Lenner
ar Leur man
a so quen vtil
a que profitabl,
hac an vsaig a neza
quen necesser,
ya é daluoudeguez
memes gant an dut sauant,
ne diut quet auoalch
euit é prisaff:
rac nen deuz den en Francç,
nac é Breiz,
(ó traficaff)
no deuez affer
ar langaig man daou
peress so aman scriffet
a discleriet:
Racbezet eurre benhac
a rae marchadourez,

ou qu'il
hante la Cour,
ou qu'il
suyue la guerre,
ou qu'il aille
par villes & champs,
il luy faudroit auoir
vn truchement,
pour aucune
de ces langues.
Ce que nous
considerans,
auons à nos
grands despens
& à vostre
grand auantage,
lesdites langues
iointes
ensemble
& mises en ordre,
si que d'oresnauant
vous
n'aurez plus affaire
de truchement:

pe autramant
a hentaff al lez,
pe autramant
a eulye ar breſel,
pe autramant a ya é
dre gueriou a broeziou,
é fe ret dezaff cahout
vn condueur,
euit pep heni
an langaigou man.
Ar pez on euz
conſideret
honneux en on
diſping bras
ha bras
en oz auantaig,
an lauaret langaigou man
pere hon-neus
aſſambles aman
dre vrz,
ha goude
vo bezo
affer muy
& condueur.

mais les pourrez
de vous mesmes parler,
& vous en ayder,
& connoistre
la maniere
de prononcer,
Qui a iamais
sçeu obtenir
auec vn langage
l'amitié
de diuerses Nations?
combien y en a-il
d'enrichis
sans connoissance
de plusieurs langues?
qui peut bien gouuerner
Villes & Prouinces,
sans sçauoir
autre langue
que sa langue maternelle?
puis qu'ainsi est
(amy Lecteur)
vueillez receuoir

koguen ech-hellot
facilamant presec
hac en nem sicour,
hac aznaout
an fezon
da prononcy.
Piou bizcoaz
en deuez gallet derchel
gant vn langaig
an carantez
a calz à Natiounou
peguement
a dur pinuidic so
ep an aznaoudeguez
a ves an langaigou man?
piou a el gouuarn en mat
Gueriou à Prouinçou,
hep gouzout
quen langaig
nemet ez langaig commun
paze euelse eo
(ma mignoun Lennet)
pliget gueneoch receau

ce liure ioyeuſement
par lequel
vous pouuez auoir
la connoiſſance
de deux
Langues:
lequel
ſi vous le liſez
ententiuement
& auec diligence,
vous trouuerez
qu'il vous ſera
non ſeulement
proffitable,
mais auſsi
treſ-neceſſaire.
Que s'il ne
vous vient à point
de l'apprendre
tout par cœur,
recueillez-en
ce qui vous eſt
plus neceſſaire.
Ce que faiſant

an leur-manioyuſamant
pe dre hiny
ez hellet caffout
an aznaoudeguez
ha dau
Langaig:
pehiny
mar deut delen
gant intelligancç
ha diligancç,
ez queſſot
ez vezo deoch
deu-de quet ep muyquen
profitabl,
hoguen iuez
neceſſer bras.
Ha ma na illit
donnet de
diſquiſſ oll.
dindan effaun,
diſquit ar-pez
pehiny ſo deoch
braſſa neceſſer.
Ha mar grit an dra-ſe

pourrez
auec plaisir,
& par maniere de parler
en ioüant,
paruenir
à la connoissance
de ces deux langues,
Vueillez doncques
prendre en gré
cestuy nostre labeur
qu'auons
employé
à vostre honneur
& profit:
vous promettant
que si nous
le trouuons
vous estre agreable,
nous tascherons
tousiours
d'auancer
vos estudes.

é hellet
gant contantamant,
dre an feçon da coumps
en vn hoary,
é hellet donnet
da aznaout
an langaiou-man.
Rach-se teuruéfit età
commeret hon labour
a volontez mat
pehiny on euz
impliget
en oz enor
ha proffit:
o prometty deoch
mar en queffomp
da veza
agreabl deoch,
ny a fello deoch bepret
an moien
da auancç
o ftudy.

LA TABLE
de ce Liure.

CE Liure
c'est tres vtile
pour apprendre à lire,
escrire & parler
François &
Breton,
lequel est diuisé
en deux parties.
La premiere partie
est diuisée
en huit Chapitres:
desquels les sept
sont mis
par personnages
comme Colloques.
Le premier Chapitre,
est vn conuiue
à dix personnages,
& contient

AN TAVLEN AVEZ
an Leur-man.

AN Leur-man
a ſo profitabl bras
euit donnet da diſquylen,
prezec à ſcriffa
a Gallec,
a Brezonnec,
pehiny a ſo deuiſet
en diou gueuren.
An quentaff gueuren
a ſo diuiſet
en eiz Chabiſtr:
pe a vez a reff an ſeiz
a ſo lequeat
dre perſonaigou
eguis Collocou.
  An quentaff Chabiſtr,
a ſo vn couffi
a dec perſonnaig,
a delch calz

plusieurs propos communs
desquels on vse à table.

Le dixiesme Chapitre,
est pour acheter
& vendre.

Le troisiesme Chapitre,
est pour demander
ses debtes.

Le quatriéme Chapitre,
est pour demander
le chemin, auec autres
propos communs.

Le cinquiéme Chapitre,
contient deuis familiers
estant à l'hostellerie.

Le sixiéme Chapitre,
deuis de la leuée.

Le septiéme Chapitre,
propos de
marchandise.

Le huitiéme Chapitre,
est pour apprendre à faire
lettres missiues,
obligations, quittances

a propozou

a propoſou commun:
pere à vſer ouz an daull.

An dech-uet chabiſtr,
a ſo euit preuaff
a guerſaff.

Hac an tredé chabiſtr,
a ſo euit goulen
ez dleouff.

An peuare chabiſtr,
a ſo da goulen
an hent : gant comſou
all commun.

An pempet chabiſtr,
a delch diuiſou familer
pa vezer en hoſtalery.

An huechuet chabiſtr,
diuis a vez feuell.

An feizuet chabiſtr,
à coumps à
marchadoures.

An eiſuet chabiſtr,
o ſo euit diſquiff ober
lizerou miſsiff,
obligatiounou, quittançou

& contracts.

La deuxiesme partie,
contient beaucoup
de mots communs,
desquels on a
iournellement affaire,
mis par ordre de
l'A, B, C.

a countradou.
   An eiluet queuren,
a delch calz
a gueriou commun,
pe auez an re ez eux
bemdeiz da ober,
lequeat dre vrtz
auez an, l'A, B, C.

ce qu'il luy plaist.

1. Il dit qu'il veut
    parler à vous.

P. Bien,
    faites-le entrer.

F. Mon amy, entrez.

H. Qui est là dedans,
    y a-il beaucoup de gens?

1. Non, trois ou quatre,

H. Dieu benie
    toute la compagnie?

P. Soyez le bien venu
    Henry,
    que dites-vous de bon?

H. Pierre, mon maistre
    m'a icy enuoyé
    vous priant,
    qu'il vous plaise
    demain à midy
    venir disner auec luy?

P. Comment se porte
    mon oncle?

H. Il se porte bien,
    graces à Dieu.

ie suis en bonne difpofition,
Dieu en foit loüé.
Ie vous prie aufsi,
que me vueilliez
efcrire refponfe
par ce meffager:
& fçachez,
que fi vous
auez affaire de moy,
ne m'efpargnez pas,
en tout ce
qui me fera pofsible
de faire pour vous.
Dieu demeure auec vous.

RESPONSE.

ROger mon bon amy,
i'ay reçeu
voftre lettre
par laquelle
vous m'efcriuez,

Guyr eo , an pez
à lauarer communamant:
Bepret ez dleer
approuy an mignounez,
abarz cahout
affer outo:
rac ho approu
en necefsité,
re diuezat vez.
Rac fe,
ez eo affez diff
ho bez approuuet.

An façõ da ober vn lizer ferm à vn ty.

ME Ian Barlemount
ha ezneu hac à coffes
da veza fermet
da Pezr Marefchal,
vn ty , pehiny fo
inftituet en Anuers
en vn placç é quichen.

Q ii

S	†
S Ablon	**G** Rouan
sac	sach
saffran	sattron
sagement	dre prudencç
sage	sauát, gouizieg
sagesse	gouizieguez
sain	yach
saint	sant
salade	saladen
salle	sall
saler	sallaff
saliere	saliner
salüer	saludiff
Samedy	Desadorn
sans vous	ep soch-hu?
saulsisse	silsic
sauourer	taffa, sauouriff
sauter	lammet
saumon	saomoun
sauuage	sauaich
sçauoir	gouzout

An optatiff.

A youll ez ven
ez ves
ez ve,
  a youll ez vemp
ez vech
ez vent.
  A youll ez vifen
ez vifes
ez vife,
  A youll ez vifemp
ez vifech
ez vifent.

An coniontiff mod.

Pan ven
pan ves
pan ve,
  pan viouf
pan vifes
pan vife.
  Pan ven
pan ves
pan ve.

que nous soyons
que vous soyez
qu'ils soyent.

Infinitiuus modus.

Estre.
auoir esté.
estant.

F I N.

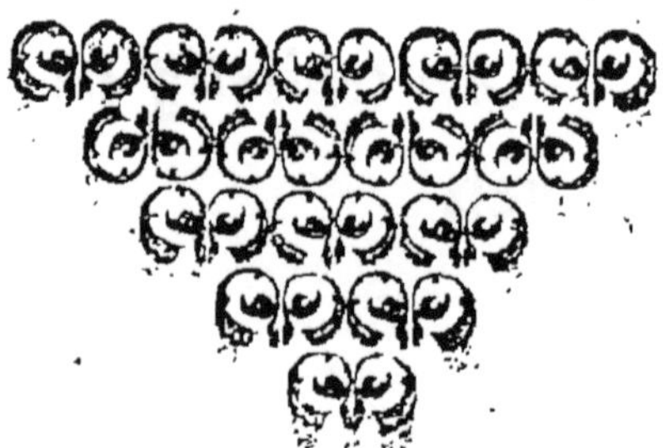

tion ou cion. *Exemple.*
Imagination , declama-
tió, &c. reſerué aux mots
ayants ſ. auant t, comme
baſtion, &c.

üa,üe,üi,   V ſimple a deux diuers
ïo, vocal ſons : car quand il eſt
va,ve,vi, voyelle , il ſe doit mar-
vo , vu, quer ú, à celle fin d'auoir
conſoná, meilleure   intelligence
de   pluſieurs   vocales
equiuoques & autres,
pour donner ayde à la
ieuneſſe : comme ſoüil-
lon, broüillon, &c. & aux
equiuoques,

Voyelles $\left\{\begin{array}{ll} \text{lieüre} & \text{lieure} \\ \text{tenüe} & \text{tenue} \\ \text{beüe} & \text{beue} \\ \text{eüe} & \text{Eue} \end{array}\right\}$ Conſon.

vvä,vvé, Le François n'vſe guere
vvi,vvo. de double v, ſi ce n'eſt en
ces vocales ſuyuantes :
comme vuider, vulgaire
vueil, &c.

VN CONVIVE DE DIX

personnages, à sçauoir Hermes, Iean,
Marie, Dauid, Pierre, François,
Rogier, Anne, Henry & Lucas.

Hermes.

Dieu vous doit
      bon iour,
Iean.
I. Et à vous
      aussi Hermes,
      bon iour
      vous doit Dieu.
H. Comment vous portez-vous?
I. Ie me porte bien
      Dieu mercy,
      à vostre commandement:
      & vous Hermes,
      comment vous est-il,
      bien?
H. Ie me porte bien
      aussi:

VN CONVI A VES A DEC

personaig, da gouzout eo, Hermes, Ian,
Mari , Dauid , Perz , Francçes,
Roger, Anna, Herry ha Lucas.

Hermes.

D Oué da roiff
deiz mat dech,

Ian.

I. Ha dech-hu
yuez Hermes,
deiz mat da roiff
Doué dech.

H. Penaus a hanoch-hu?

I. Yach ou
à trugarez Doué,
en ó gourchemen:
na huy Hermes,
penaus ha,
hanoch-hu?

H. Gaillart ouff
iuez:

B iij

comment se portent
vostre pere
& vostre mere?
I. Ils se portent bien,
loüange à Dieu.
H. Que faites-vous
si tost leué?
I. N'est-il pas temps
d'estre leué?
H. Ieusnez-vous encore?
N'auez-vous pas
desiuné?
I. Non - pas encore,
il est encore trop matin,
& vous,
auez-vous desiuné?
H. Ouy, passé vne heure,
ieusneroy-ie si longuement?
d'où venez-vous?
I. D'où ie vien?
ie vien de l'escole,
de l'Eglise,
& du marché.
H. Où allez vous?

penaus auez
ho tat
hac euez ho mam?
I. Yach ha gaillard ynt,
à trugarez Doué.
H. Petra ó gra-hu sauet
quen mintin se?
I. Ha n'en de quet
poent seuel?
H. Ha hoaz ez ouz-hu voar yun?
ha no heus - hu quet
disiunet?
I. Nemeus quet
hoaz,
n'ha-huy
ha huy oz euz disiunet?
H. Ya, vn heur-so,
ha queit-se é yunen-me?
pe an lech é deuet huy?
I. Pe à lech, eff deuffa?
donet à ra auez an scoll,
hac auez an Ilys;
ha auez an marchat.
H. pe à lech ez eit huy?

I. Ie vay à la maison,

H. Quelle heure est-il?

I. Il est pres
de douze heures.

H. Est-il si tard?

I. Il m'en faut aller,
ie seray tencé
de ma mere:
à Dieu Hermes.

H. Auez-vous
si grand hasté?
nostre maistrene m'a-il
point demandé?

I. Ie ne l'ay point ouy,
ie ne puis
arrester plus longuement:
A Dieu, ie m'en vay.

H. Allez,
Dieu vous conduise,

I. Dieu vous doit
bon soir
ma mere,
& toute la compagnie,

M. Iean,

I. Me à ya dan kær.

H. Pet heur eo?

I. Daouzec heur
eo ember,

H. Ha quen diuezat-ſe eo?

I. Pret eo diff monet
ſcandalet vezi
gant ma mam:
A diu Hermes,

H. Ha quement-ſe
a haſt ó euz-hu?
hon meſtr nhy 　　　　(net mê
an n'ẽ deueus quet ma goulen-

I. Ne meus é quet cleuſtet,
ne guallaff quet
tardiff muy:
A dieu, mę a ya.

H. Ith,
Doué r'ho conduyo,

I. Doué da roiff
noz mat deoch
ma mam,
ha dan compaignunez oll.

M. Ian,

d'où venez-vous?
où auez vous
arresté si longuement,
pourquoy venez-vous si tard?
est-ce bien fait?
ie vous auois commmandé
de venir à quatre heures,
il est maintenant
pres de six,
dites-moy maintenant
où vous auez esté?
car vous auez longuement
esté hors d'escole,
ie le sçay bien:
ie le diray
à vostre maistre.

I. Sauf vostre grace,
ie ne fay que venir
de l'escole;
ie ne sçauois pas
qu'il estoit si tard,
ie n'ay
nulle part arresté,
vous le pouuez faire

pe an lech é deuuet-hu?
pe en lech oz eus-hu
tardet queit-se?
perrac é deuet hu-quen?
diuezat-se à great mat eo?
mem voa gourchemmennet
deoch da douet da peder heur,
breman ez eo
tost da huech,
liuirit diff breman
pe en lech ouz hu beth?
rac pell so a bha ouch absant
a vez an scoll,
an dra se à goun en mat;
me lauaroff
do mestr.

I. Salu ó graçc,
ne rha nemet donet
a vez an scoll?
ne gouizien quet
ez hos quen diuezat-se
nemeus daleet,
en nep lech
goulen a hellet

demander à noſtre maiſtre,
s'il n'eſt pas ainſi.
M. Ie le feray,
ie ſçauray la verité.
Or allez.
couurez la table,
& haſtez-vous toſt.
I. Bien ma mere,
ie le feray:
où eſt la nappe?
M. La nappe eſt
là dedans
ſur le buffet:
mettez le ſel premier.
ne ſçauez-vous
retenir celà?
ie le vous ay dit
plus de vingt fois:
vous n'apprenez-rien,
c'eſt grande honte:
allez querir des trenchoirs,
des gobelets & ſeruietes.
I. Bien ma mere,
où ſont-ils?

digant ma meſtr,
a me lauar guyr.
M. An dra ſe a riff me,
me gouezo an guiryonez.
Ith etha,
goloith an daull,
hac haſtet buhan.
I. Mat ma mam,
me a graiff:
pe en lech em an toupyer?
M. An toupyer
à ſo vaſe
oar an buffet:
lequet an olen da quentaff,
à no eus-hu quet
à memoer an draſe?
muy eguit vguent guez
emmeus lauaret deoch:
ne diſquet nettra,
mez bras eo:
ith da querchat aſſiedou,
gobeleiou ha ſeruiedou,
I. Mat ma mam,
pe en lech é m'haindy?

M. Vous ne sçauez
     rien trouuer:
     les voylà,
     n'est-ce pas bien cerché?
     allez querir du pain.
I. Bien, donnez-moy de l'argent,
     pour combien
     en apporteray-ie?
M. Apportez-en
     pour deux sols,
     pour vn sol de blanc
     & pour vn sol de bis
     moitié vn, moitié autre,
     & l'apportez
     tout nouueau cuit.
I. Bien, i'y vay:
     voicy du pain ma mere.
M. Vous auez bien fait,
     allez maintenant
     querir du bois
     pour faire du feu:
     allez esguiser les couteaux,
     versez de l'eau
     dedans l'esguiere,

M. Ne gouſoch,
  caffet nettra?
  chetu-indy aſe,
  an de quet claſquet mat?
  ith da querhat bara.

I. Mat, roit diff archant,
  pe euyt quement
  ez digaczi-me?

M. Prenit
  euyt daou guennec,
  euit vn guennec bara gueñ
  hac euyt vn all à heny gris
  hanter ouz, hanter
  ha digaczit y oll,
  neuez poazet.

I. Mat, me a ya:
  chetu aman bara ma mam.

M. Great mat oz heuz,
  ith breman da querchat
  queuneud
  euit oberr tan:
  ith da lemma an contellou,
  ha liquit dour,
  an bouillouer

& pendez-là
vne toüaille blanches
faites brufler le feu,
voftre pere vient,
& Dauid voftre coufin
vient auec luy:
allez au deuant d'eux,
oftez voftre bonnet,
& vous enclinez honneftement.
I. Bien ma mere,
i'y vay,
Soyez le bien venu
mon pere,
& voftre compagnie.
D. Pierre, eft-ce là voftre fils?
P. Ouy, c'eft mon fils.
D. C'eft vn bel enfant,
Dieu le laiffe toufiours
profperer en bien.
P. Ie vous remercie coufin.
D. Ne va-il point
à l'efcole?
P. Ouy, il apprend
à parler François,

                    ha fta-

ha ſtaguid eno
vn douaill guen:
hac alumet an taɳ
oz tat à deu,
ho Dauid ó quenderu,
à deu gantaſſ aſſambles:
ith diraczo
ha limmit ho bonet,
hac anclinit coantic.

I. Mat ma mam,
me aya,
deuffet matra vihet
ma tat,
hac oz compaignunez.

D. Perz, hac ennes eo ó map-hi?

P. Ya, ma map eo.

D. Vn map-ic eoant eo,
Doué da roiſſ deſaſſ
auancçamant mat bepreʒ.

P. Oz trugarecat quenderu.

D. Ha nen dae quet
dan ſcoll?

P. Ya, diſquiſſ à ra
da prezec Gallec.

C

D. Fait-il celà?
   c'eſt tres-bien fait.
   Iean, ſçauez-vous bien
   parler François?
I. Pas trop bien mon couſin,
   mais ie l'apprends.
D. Où allez-vous à l'eſcole?
I. En la ruë
   des Lombards.
D. Auez-vous longuement
   eſté à l'eſcole?
I. Enuiron vn demy-an.
D. Apprenez-vous auſsi à
   eſcrire?
I. Ouy mon couſin.
D. C'eſt bien fait,
   apprenez touſiours bien.
I. Bien mon couſin,
   s'il plaiſt à Dieu.
M. Couſin, ſoyez le bien venu.
D. Ie vous remercie couſine.
M. Couſin, voulez-vous
   demeurer là?
   pourquoy

D. Hac euff à ra?
  great mat eo.
  Ian à huy-hoar
  prezec Gallec.
I. Ne goun mat meur quenderu,
  hoguen ez difquiff a raff.
D. Pe en lech ez ith-hu dan fcol?
I. Da ru
  an Boumbard.
D. Ha pell fo
  à ban ith dan fcoll?
I. Voar vn anter bloaz-fo.
D. Ha defquiff fcriffæ
  à grit-hu iuez?
I. Ya fur ma quenderu.
D. Mat à grit,
  defquit bepret en mat.
I. Mat ma quenderu,
  gant ficourr Doué.
M. Quenderu, deuffet mat ra vihet.
D. O trugarecat quiniteru.
M. Quenderu, petra
  à chom mit-hu vafe?
  perac

n'entrez-vous point?
venez vous chauffer,
puis nous irons manger.
D. Pensez-vous
que i'aye froid?
ce seroit grande honte.
M. Cousin, comment vous est-il?
D. Bien, Dieu mercy.
M. Où est ma cousine?
pourquoy n'auez-vous
amené ma cousine auec vous?
D. Elle est malade.
P. Est-il vray?
Est-elle malade?
quelle maladie a-elle?
D. Elle a les fieures.
M. Les a-elle
eu longuement?
D. Enuiron huit iours.
M. Ie ne sçauois point cela:
ie l'iray voir,
demain, si Dieu plaist:
François,
apportez vne chaire

n'z antreit-hu quet?
deuffet da tomaff,
ha goude ni à yel da dibriff,

D. Ha-huy song
em meux-me riouff?
mex bras ve.   (hu.

M. Quenderu, penaux à hanoch,
D. Gaillart, à trugarez Doué.
M. pé en lech emmaff ma quiniteru
    perac no heus-hu y quet
    digaczet guenech?
D. Claff eo.
P. Ha guir eo?
    Ha claff eo hi?
    pe sceurt cleffet é deueux hi?
D. An derzien é deueus.
M. Ha pell so à bha
    é may gant hi?
D. Voar dro eiz deiz-so.
M. An dra se ne gouihen quet:
    me à yelo de guelet,
    voar hoaz, mar plig gãd Doué:
    Francçes,
    digazcit yn chador

pour voftre coufin.
Coufin approchez-
vous du feu.
François, allez là deuant
on heurte là,
regardez qui eft là:
ce fera Rogier,
ie le fçay bien.
F. bien ma mere, i'y vay:
    Qui eft là?
R. Amy,
    ouurez l'huis.
F. Eftes-vous là Rogier?
R. Ouy, ie fuis icy:
    voftre pere eft-il à la maifon?
F. Ouy, &
    ma mere aufsi:
    entrez dedans,
    ie diray à mon pere
    que vous eftes venu.
P. François,
    appreftez tout
    pour aller manger.
F. Mon pere,

do quenderu.
Quenderu dineſſait
ouz an tan.
Francçes, ith dan orr
  é ſqueiff à r'her,
  guelit piou-ſo vaſe:
  Roger vezo,
  men goar en mat.
F. Mat ma mam, me à ya:
   Piu ſo vaſe?
R. O mignon,
   digorit an dor.
F. A vaſe é douch-hu Roger?
R. Ya, aman ez houff:
   ho tat ſo entys?
F. Ya, ha
   ma mam à ſo iuez ſur?
   entreit é barz,
   me lauaro dan tat
   ez houch deuet.
P. Francçes,
   apparaillit pep tra
   euit monet da dibriff.
F. Ma tat,

tout est prest,
vous pouuez aller manger,
quand il vous plaira.
P. Bien ie vien
incontinent,
appellez les enfans.
F. Bien mon pere.
Iean, où estes vous?
venez manger:
où demeurez-vous?
que faites-vous-là?
I. Que feroy-ie?
i'ay icy affaire.
F. Ne sçauez-vous pas
qu'on va manger?
venez dire
la Benediction.
I. Bien, i'y vay.
P. Iean, pourquoy
ne venez-vous point?
faut-il qu'on vous appelle?
apportez icy des chaires.
M. Pierre,
allons-nous seoir,

preparet

præparet int oll,
pa pligo guenech ez hellet
monet da dibriff.

P. Mat me à ya
breman,
gualuit an bugale

F. Mat ma tat.
Ian, ma y douch-huy
deuffet da dibriff:
ma chommit huy?
petra à grit-huy vafes

I. Petra à graff?
da ober emmeus aman.

F. Na ne goufoch-hu quet
ez her da dibriff?
deuet da lauaret
an benediction.

I. Mat, me à ya.

P. Ian, perac
ne deuet-hu quet?
ha ret eo ho queruel-hu?
digazcit aman chadoriou

M. Perz,
deomp da afezaff,

D

Il est temps.

P. Bien, i'en suis content.

M. Dauid, seez-vous là dedans?

D. Moy! ne vous déplaise,
    ie n'en feray rien,
    laissez Pierre se soir là,
    ie vous prie.

M. Pierre n'est point
    accoustumé de se seoir là,
    il s'asserra icy,
    c'est sa place.
    Iean, dites
    la benediction.

I. Bien ma mere:
    Dieu vous benie
    mon pere,
    ma mere,
    & toute la compagnie.

M. François,
    apportez-nous à manger,
    apportez la salade,
    & la chair salée:
    versez-nous
    à boire:

poent eo.

P. Mat, me so countant.

M. Dauid , asezit é barz.

D. Me l mar plig guenech,
nen griff quet,
lift perz da asezaff vase,
me ó pet.

M. Perz n'en deo quet
accustumet da aseza vase,
à man é asezo,
é placç eo.
Ian , liuirit
an benediction.

I. Mat ma mam:
Doué do benniguo
ma tat,
ha ma mam,
hac an compaignunez oll.

M. Francçes,
digaszit deomp da dibriff,
an saladen,
hac an quic sall:
ha liquit
deomp da euaff.

versez à vostre cousin,
& puis par tout.
Frãçois, seez-vous pres de nous
Iean, allez querir du potage
pour vostre frere,
& faites
apprester l'autre,
courez viste.

I. Frere,
tenez vostre potage;
en auez-vous trop?

F. Ouy, i'en ay trop.

I. Ne mangez point tout,
laissez ce que vous
aurez trop.

P. Pourquoy
ne mangez-vous
vostre potage,
tandis qu'il est chaud?

F. Il est encor trop chaud.

M. Iean,
apportez icy du pain,
Rogier n'a
point de pain;

reulit do quenderu,
ha goude dan re all oll.
Francçes, asezit hen on quichen,
Ian, ith da querhat souben
do breuzr,
ha grit
prepari an re all,
ha ith buhan.

I. Ma breuzr,
dalet ó potaig?
ha huy ó eus re?
F. Ya, re ammeus.
I. Na dibrit y quet oll,
lisit an pes ó
bezo re.
P. Perac
na dibrit-hu
ó potaig,
en dra eo tom?
F. Re tom eo hoaz?
M. Ian,
digazcit bara aman,
Roger n'en deues
quet à bara?

allez querir vne assiete,
& apportez de la moutarde,
P. Donnez-moy
le pot à la biere.
R. Tenez-le,
tenez-le bien.
P. Laissez-le aller,
ie le tien bien.
M. Pierre,
ne beuuez point
apres voftre potage,
car il est mal-sain:
mangez premier vn peu
deuant que vous beuuiez.
Pierre, trenchez-moy
de la chair,
taillez-moy aussi du pain,
Coupez
à manger à François,
il n'a que manger.
P. Faut-il
que ie le serue?
ne se sçait-il
seruir soy-mesme?

ith da querchat vn aſsiet,
ha digacçit ſezo,
P. Roit diff
pot an byer.
P. Quemeret é,
ha liquit euez na couezo.
P. Liſit é,
me en dalch en mat.
M. Pezr,
na euit quet
goude ho ſouben,
rac nen de quet yechet;
dibrit vn dra pennac
quent euit euaff,
Pezr, trouchit
diff quic,
trouchit diff iuez bara.
Ha roit
da dibriff
da Francçes.
P. Ha ret eo
é ſeruicha é?
ha ne goar é quet
é nem ſeruicha é hunan?

Taillez vous mefme,
vous eftes grand affez:
aidez-vous vous mefme,
car ie ne vous
feruiray point:
ie ne fers perfonne
que moy-mefme.
M. Donnez-luy à manger,
car il eft honteux:
il n'ofe manger,
ie le voy bien.
P. Bien, tenez là:
apportez icy autre chofe.
I. Il n'eft pas
encore preft.
M. Regardez
fi les paftez
& les tartes
font apportez.
Allez querir le rofty,
& verfez icy du vin:
verfez pour voftre pere
verfez tout plein:
ne verfez-point fi plein,

Trouchit ho hunan,
bras aſſes ouch:
é nem ſicourit ho hunan,
rac me no
ſeruigi quet:
ne ſeruigaff den
nemet off ma hunan.
M. Roit deza da dibriff,
rac mez en deuez:
ne gret quet dibriff,
me vell en mat.
P. Mat, dalet:
digazcit aman vn dra all.
I. Nen deo quet
hoaz preſt.
M. Ith da guelet
hac an paſteziou
hac an tartes
ha y ſo digazcet:
Ith da querchat an roſt,
ha liquit aman guin:
liquit do tat
carguit y leun:
na carguit-y quet que leun.

ne voyez-vous pas
ce que vous faites?
vous respandez.
Rogier n'a
point de vin,
ne voyez-vous point celà?
I. Faite-là place,
pour asseoir les plats,
M. Or soyez
tous les biens-venus.
A. Il y a bien icy
de quoy:
vous auez fait
trop de despens.
M. Non-ay certes,
il me desplaist
qu'il n'y a dauantage,
mais il vous faut
auoir patience.
A. C'est certes
bien dit.
M. Pierre entamez
ceste espaule:
apportez icy des raues,

ha ne guelet-hu,
quet petra à grit
fcuillaff à gret.
Roger nen deuez
quet à guin,
ha ne guelit-hu quet an drafe?

I. Grit placç vafe,
  euit lacquat an pladou

M. Deuet mat
  ra vihet-oll.

A. Calz à boueiou
  fo aman:
  re à difpingnou
  hó euz great.

M. Na meuz quet certen,
  defpez ammeus
  nac geux hoaz,
  hoguen ret eo deoch
  caffet patiantet.

A. Certen mat
  é liuirit.

M. Perz trouchit
  an fcoaz maout-fe:
  digafzit aman rabes,

des carottes,
& des capres:
seruez Dauid
de ce lieure,
& de ces conins,
Entamez ces perdris,
vous ne nous seruez point,
faites tous bonne chere,
ie vous en prie.
R. Il y a bien icy
pour faire
bonne chere.
P. Iean versez-nous
à boire.
I. Il n'y a icy
.plus de vin.
P. Allez en querir d'autre:
que vous semble-il
de ce vin?
D. il me semble
qu'il est bon.
P. Voulons-nous
faire apporter
du mesme?

ha pastou-

ha paſtounades,
ha cappres:
roit da Dauid
lot euez an gat,
hac auez an coniel man?
Ha diſpennet an clugery-man,
non ſeruichit quet aſſez:
grit oll cher mat,
me ó pet.
R. Aman ez euz aſſes
euit ober
cher mat,
P. Ian liquit
deomp da euaſſ.
I. Nen deus aman
muy à guin.
P. Ith da querhat iûy all:
petra a liuirit-huy
a vez an guin man,
D. Auiz a gra diff
ez eo mat.
P. Ha huy ó teut
ha ny à graiff
digacç an ſceurt-man?

D. Comme il vous plaira,

I. Où l'yray-ie
   querir?

P. Où vous auez esté
   querir cestuy-cy:
   ou allez le querir
   au marché,
   à la fleur de lis blanche,
   ou la où vous voudrez.

I. Combien
   en apporteray-ie?

P. Apportez-en deux pots
   ou trois pintes:
   ellez viste,
   & reuenez bien-tost.

I. Ie courray tousiours,
   mon pere.

M. François leuez-vous,
   & seruez à table:
   regardez
   s'il n'y faut rien:
   voulez-vous encore
   auoir à manger?
   dites-le hardiment.

D. Euel ma pligo gueneoch.
I. Pe en lech ez y me
    da querhat?
P. En leach maz ouch bet
    ho huit eman:
    pe ith da querhat
    auez an marchat,
    pe dan fourdilyſen guen,
    pe en lech ma queret.
I. Pe guement
    à digaſziff me?
P. Digaſzit daou potat
    pe try pintat:
    ith preſt,
    ha na daleet quet.
I. Me redo bepret
    ma tat,
M. Francçes ſiuit-breman
    ha ſeruichit an doll:
    ha guelit
    petra à deffaut:
    ha huy à fell deoch
    hoaz dibriff?
    liuirit hardiz.

F. Non ma mere,
   i'ay assez mangé,
   Dieu en soit loüé.
M. Beuuez maintenaut:
   y a-il de la biere
   en vostre pot?
F. Ouy ma mere,
   il y en a assez.
M. S'il n'y en a,
   allez-en querir.
A. Ne heurte-ton point
   à la porte?
   allez y voir.
F. Y a-il là quelqu'vn?
H. Ouy, ouurez:
   i'ay esté icy
   plus d'vne demy-heure.
F. Que vous plaist-il?
H. Bon soir mon amy,
   le maistre est-il à la maison?
F. Ouy, pourquoy?
   voulez-vous parler à luy?
H. Ouy, où est-il?
F. Il est assis à table,

F. Salu ho gracç ma mam,
    aſſez am meus debret,
    Doué bezet trugarequeat.
M. Effit breman:
    hac en ſo byer
    en ho cobelet hu?
F. Ya , ma mam,
    aſſes ſo.
M. Ma nen deus,
    ith da querhat?
A. Ha ne ſcoer quet
    an orr?
    ith da guelet.
F. Piu ſo vaſe?
H. Me eo , digorit:
    ez ouff aman muy euit
    vn anter heur ſo.
F. Petra à fell dech-huy?
H. Nos mat deth , ma mignon,
    hac an meſtr ſo en ty?
F. Ya , perac?
    ha prezec outa a fell dech-hu?
H. Ya ſur , maz edi é?
F. Aſezet eo ouz taoll,

E iii

vous plaist-il quelque chose?
ie feray bien
le meſſage.
Que diray-ie
qui le demande?
H. Il me faut parler
à luy meſme.
Dites-luy, que ie ſuis
le ſeruiteur de ſon oncle:
ou dites-luy,
que ie vien de la part
de ſon oncle.
P. Bien,
ie vay luy dire,
attendez icy vn peu.
Mon pere,
il y a icy vn homme
qui veut parler à vous.
P. Quel homme eſt-ce?
I. Ie ne le conoy point
Mon pere,
il dit qu'il vient de la part
de mon oncle.
P. Demandez-luy

ha nettra à fell dech-huy?
ha me lauaro
dezaff.
Petra a liuiriff-me
petra à fell dechu digantaff?
H. Ret eo diff coumps
outaff memes,
Liuirit dezaff, ez ouff
feruicher é contr:
pe liuirit dezaff,
ez deuffa
digant é contr.
F. Mat me à ya,
me à lauaro dezaff,
gortoit vn neubeut aman,
Ma tat,
aman ez euz vn den
ha defir coumps oufoch.
P. Pe fceurt den eo é?
I. Nen naznauaff quet
Ma tat,
lauaret à graff é deu
digant ma contr.
P. Goulennit

ce qu'il luy plaist.

I. Il dit qu'il veut
parler à vous.

P. Bien,
faites-le entrer.

F. Mon amy, entrez.

H. Qui est là dedans,
y a-il beaucoup de gens?

I. Non, trois ou quatre,

H. Dieu benie
toute la compagnie.

P. Soyez le bien venu
Henry,
que dites-vous de bon?

H. Pierre, mon maistre
m'a icy enuoyé
vous priant,
qu'il vous plaise
demain à midy
venir disner auec luy?

P. Comment se porte
mon oncle?

H. Il se porte bien,
graces à Dieu.

petra à fell dezaff.

I. Lauaret à graff ez eo ret
dezaff coumps oufoch.

P. Mat,
grit dezaff antren.

F. Ma mignon, antreyt.

H. Piu fo é barz,
hac y fo cals?

I. Na ynt-quet, tri pe peuar.

H. Deiz mat dech
ha dan compaignunez oll.

P. Deuet mat ra vihet
Herry,
petra à mat ó digacç hu aman?

H. Pezr, ma meftr
en deues ma digacçet,
do pidiff,
mar plig gueneoch
var hoaz da cref-deiz
donet dauifaff da leinaff?

P. Penaus a ves
ma eontr?

H. Gaillart eo,
à trugarez Doué.

E v

P. Et toute sa famille?
H. Tout est
en bon point.
P. I'entens celà
volontiers:
mais vous luy direz,
que ie le remercie
de bon cœur,
& qu'il m'est
impossible
de venir à midy,
car ie suis
inuité de dehors
il y a quatre iours:
si ce n'estoit celà,
i'iroy volontiers:
mais i'yray
chez luy
demain apres midy,
sans aucune faute.
H. Bien
ie luy diray:
Dieu vous donné
bonne nuict.

P. Ha tut é tiff ol?

H. Yach à defpos
  int oll.

P. Ioa
  eo gueneff:
  hoguen liuirit dezaff,
  en é trugarecaff
  a caloun mat,
  ha liuirit
  dezaff
  ne gouffen quet monet
  rac pedet ouff
  gat vn all
  peuar deiz fo:
  pa neue an dra fe,
  ez azien yoeufammant:
  hoguen me à yelo
  voar hoaz de tiff
  goude creis deiz,
  hep faut en bet.

H. Mat
  me lauaro dezaff:
  Doué da roiff
  nos mat deoch.

P. Attendez Henry,   (liez)
   beuuez deuant que vous en ale
H. Ie n'ay pas soif,
   ie vous remercie.
F. Attendez, il vous faut
   boire vne fois.
H. Il me faut en aller.
M. Iean n'est-il
   pas encore venu?
   où tarde-il si longuement?
F. Il vient.
P. Iean d'où vient
   que vous
   arrestez si longuement?
I. Ie ne pouuois
   venir plustost mon pere,
   il y auoit beaucoup de gens,
   i'ay tousiours
   couru.
M. Bien,
   versez icy du vin.
P. Dauid, essayez
   s'il est bon.
D. Ie le feray,

P. Gortoit Herry,
 effit quent monet.
H. Nemeus quet à sechet,
 hac ó trugarez.
F. Gortoit, ret eo deoch
 euaff vn bannach.
H. Ret eo diff monet.
M. Ha ne deo quet deuet
 hoaz Ian?
 pe en lech é chome-queit se
F. Donet a raff.
P. Ian petra ma oz heus
 huy daleet
 queit se?
I. Ne hallen quet
 donet quent, ma tat,
 cals a tut à voa,
 redec a gren
 bepret.
M. Mat,
 liquit guin aman,
P. Dauid, tauait
 hac é so mat.
D. An dra se à griff-me,

verſez-m'en là dedans;
l'autre eſtoit meilleur.
R. Non-eſtoit,
  ceſtuy-cy eſt meilleur
  ſelon mon aduis.
M. Anne vous ne faites
  pas bonne chere:
  d'où vient-ce,
  que vous ne dites rien?
A. Que diroy-ie?
  il vaut mieux
  ſe taire
  que mal parler:
  ie ne ſçay pas bien
  parler François,
  partant
  ie me tais.
M. Que dites-vous?
  vous parlez auſsi bien
  que ie fay,
  & mieux auſsi.
A. Excuſez-moy,
  ie le voudroy bien,
  & qu'il

eaulit diff aman:
é guile voa ar guellaff.
R. Na voa quet fur,
éman en guellaff
eruez ma auis.
M. Anna, ne grit
quet à cherr mat:
petra na liuirit
huy, nettra?
A. Petra lauaten me?
guell eo teuell
eguit
drouc prefec:
ne goun quet mat
coumps Gallec,
ha rac fe
ez tauaff.
M. Petra à liuirit-huy?
couls é coumfit
ha meff
ya ha guell.
A. Na graff quet fur,
me careff en mat ez graen,
hac é fe

m'euſt couſté
vingt eſcus.
M. Dauid,
vous ne mangez point,
trenchez-moy de celà:
celà eſt trop boüilly,
& cecy eſt
trop peu roſti,
n'eſt-il pas ainſi?
D. Il me le ſemble auſsi,
A. Rogier,
preſtez-moy voſtre couteau,
ie vous prie.
R. Prenez-le,
mais rendez-le moy
quand vous aurez mangé,
A. Si ie ne
le vous rends,
ne me le
preſtez plus.
R. Non certes.
A. C'eſt vn bon couteau,
combien vous a-il
couſté?

couſtet diff
  haguent ſcouet.
M. Dauid,
    ne dibrit quet,
    trouchit diff ha hennez,
    hennez ſo reff paret,
    hac eman
    nen deo quet roſtet aſſes,
    an deo quet?
ᴅ. Euel ſe ha ſeblant diff iuez,
A. Roger,
    preſtit diff ho countel,
    me ó pet.
R. Commerit y,
    hoguen rentit y diff
    pa ó pezo leinet.
A Ma ne rentaff
    deoch,
    na preſtit y
    muy diff.
R. Ne griff quet iuez,
A. Vn countel mat eo,
    pe quement à couſt y
    dech-huy?

R. Il m'a cousté
   trois sols.
A. C'est bon marché:
   laissez-le moy
   pour ce pris-là,
   ie vous rendray
   vostre argent.
R. I'en suis content.
M. Rogier,
   vous ne mangez point,
   il me semble
   que vous estes simple:
   aidez-vous vous-mesme,
   estes-vous honteux?
R. Ne mangeay-ie pas bien?
   ie mange plus
   qu'aucun
   qui soit à table.
M. Non-faites.
A. Vous ne mangez-pas
   vous-mesme.
M. I'ay
   tousiours mangé.
P. Beuuons bien,

R. Couſtet eo diff
tri guennec.
A. Marchat mat eo
roit y diff
ouz an pris ſe,
ha me rento deoch
hó archant.
R. Me ſo countant.
M. Roger,
ne dibrit quet,
auis a gra diff,
he ſimplait:
commerit vn dra ho hunan,
ha mez ho heus-huy?
R. Ha ne debraff me quet aſſes
muy à debraff,
euit nigun
à quement ſo ouz an daoll.
M. Na grit quet ſur.
A. Huy memes
ne dibrit quet.
M. Debret emmeus
bepret.
P. Eſſomp en mat,

fi nous auons
peu à manger.
A. Que dites-vous?
n'y a-il pas icy
aſſez à manger?
il y a icy
aſſez à manger
pour vingt perſonnes,
vous auez fait
trop de deſpens.
B. Non-ay:
or ſus, ie boy à vous,
& vous prie
pour toute la compagnie,
& premierement
pour voſtre
prochain voiſin:
me ferez-vous raiſon?
A. Ouy, de bon cœur,
s'il plaiſt à Dieu.
Or ſus, beuuez:
vous n'auez pas
tout beu,
ie vous le verſeray

pa nonmeus
nem meur da dibriff.
A. Petra à liuirit-huy?
ha nendeus quet aman
asses da dibriff?
aman ez heus
bouet asses
euit huguent den,
re ha difping
ho heus great.
P. Na heus quet sur: (dech
or-ça breman, me a eff deoch,
hac en nem recommant
ha dan compaignunez oll,
ha da quentaff
euit ho
am esec nessaff:
ha huy respounto diff me?
A. Ya, ha caloun mat,
mar plig gant Doué.
La, euffet:
no heus quet
effet oll,
me é cargoff

encore vne fois plein,
P. Pourquoy feriez
   vous celà?
   ne l'ay-ie pas
   tout beu?
   combien s'en faut- il?
   ie le boiray tout.
   Regardez là,
   il est maintenant vuide,
   faites moy raison:
   vous ne cerchez
   qu'à me tromper,
A. Ie ne pourroys
   boire tout cecy,
   i'en ay trop.
P. Que vous faudroit-il?
   ie l'ay bien
   tout beu.
A. Vous n'en auiez pas
   tant que moy,
   vostre gobelet
   n'estoit pas plein.
P. Si-estoit
A. Non-estoit.

deoch adarre.

P. Perac he grahech huy
an dra se?
ha ne meus me y quet
effet oll?
petra à effaut?
me é euffo oll,
Sellit vase,
chetu y breman rinçet,
respontet diff breman:
ne clisquit nettra
nemet ma troumplaff.

A. Certen ne gallen quet
effa eman oll,
re eo hennez diff.

P. Petra ha hoarfe dech-huy?
me en mat,
ha meus é effet oll.

A. Nho voa quet
quement ha meff
ne voa quet leun
ho cobelet.

P. Voa sur.

A. Na voa quet sur.

P. Il est vray,
mais mon goblet
est plus grand
que le vostre.

A. Bien changeons.

P. Ie suis content,
donnez-moy le vostre?

A. Non-feray,
ie me tien
au mien,
gardez ce que vous auez?

P. Beuuez donc...

A. Bien, incontinent:
voyez maintenant, s'il
n'est pas vuide.

M. Voire! pourquoy
vous faites-vous
ainsi prier?
à qui auez-vous beu?
beuuez vne fois à moy:
estes-vous courroucée
contre moy?

A. Pourquoy seroy-ie
courroucée contre vous?

Guir

P. Guir eo,
  hoguen ma cobelet
  ſo braſſoch
  eguit ho heny.
A. Mat, ſeinchomp.
P. Me ſo countant,
  roit diff ho hini.
A. Ne griff quet,
  me ha miro
  ma hiny,
  mirit an pez ó heuz.
P. Effit etaff.
A. Mat, breman:
  guelit breman, an deo quet
  effet.
M. Yha! perac
  he grit-huy
  euelhen oz pidiff?
  pe da piu oz heus-huy effet?
  euit vn guez diff:
  ha faſchet ouz-huy
  ouziff me?
A. Perac, ez ven me
  faſchet ouzoch-huy?

M. Pource que vous
ne beuuez pas à moy.
A. I'ay beu à vous.
M. Ie ne l'ay point ouy;
c'est assez beu,
il nous faut
aussi manger,
i'ay
grand faim:
taillez-moy là
vne piece de chair.
A. N'auez-vous nulles mains?
M. Ouy, mais
ie ne puis
bien attaindre
au plat.
P. Bien ie vous seruiray:
en auez-vous assez?
M. Ie n'ay encore rien.
P. Tenez-là,
en auez-vous
maintenant assez?
M. Voyez
ce qu'il me donne:

M. Rac ne effit
    quet diff.
A. Effet emmeus dech.
M. Nem meus quet ho cleuet
    nende quet affes euaff,
    ret eo deo mp
    iucz dibriff,
    n'ahoun
    bras ammeus:
    trouchit diff vafe
    vn pez quic.
A. Ha no heus-huy dorn en beth
M. Eus-fur, hoguen,
    ne gallaff quet
    dires
    an plat.
P. Mat, me ho feruigoff:
    hac affes oz eus-huy?
M. Ne meus nettra hoaz.
P. Quemerit,
    ha huy oz eus
    affes breman?
M. Sellit
    petra àro diff:

que peut aider cela?
tenez-le pour vous,
& mangez-le vous mesme.
Rogier, taillez-moy
de ceste espaule.
R. Bien, tenez-là.
M. Ie vous re mercie.
P. Iean, apportez du pain,
& versez du vin,
versez par tout.
D. On frappe
à la porte,
n'oyez-vous point Iean?
I. I'y vay, ma mere:
c'est Lucas,
le seruiteur d'André.
M. Que me
veut-il?
I. Il apporte quelque chose.
M. Fait-il cela,
faites-le entrer.
I. Lucas, entrez.
L. Dieu benie
la compagnie.

petra ha grahen me a hennez?
mirit é euidoch,
ha dibrit é o hunan.
Roger, roit lot diff
an fcoaz maout fe.
R. Mat, dalet-etaff.
M. Ho trugarez.
P. Ian, digaſsit bara:
ha liquit guin,
dan compaignunez oll.
D. Squeiff
an orr ha grær,
ha ne cleuuit-hu quet Ian?
I. Me à ya, ma mam:
Lucas eo,
feruiger André.
M. Petra ha fell dezaff
ha hanoff me?
I. Vn dra pennac ha digaçç?
M. Hac é à graff,
grit dezaff antren.
I. Lucas, antreit.
L. Doué da beniguo
an compaignunez.

P. Estes-vous là Lucas?

L. Ouy Pierre.

P. Que dites-vous de nouueau?

L. Pas grand chose, Pierre.

P. Comme se porte le Sire.

L. Il se porte bien, Pierre,
il vous
enuoye la bonne nuict,
il se recommande
à vostre bonne grace
& vous enuoye cecy,
vous priant que le
vueillez receuoir
de bon cœur.
& ne vueillez pas
seulement receuoir
le petit don,
mais aussi
sa bonne volonté:
car il le vous enuoye
en signe d'amour:
pourtant vueillez le
receuoir en gré.

P. Vous remercierez

P. Hac vale ez ouch-huy, Lucas?

L. Ya sur Pezr.

P. Petra a liuirit-huy a neuez?

L. Ne lauaraff nemeur à dra, Pezr

P. Penaus à ves an Autrou.

L. Gaillard eo sur, Pezr,
nos mat dech-oll,
a lauar dech,
en em recommandy à gra
do gracçou mat
hac é digacç deoch eman
ho pidiff à gra
de reçeu
a volontez mat:
ha na teuruezit quet
ep muy quen receu
vn donæson bihan
hoguen iuez
é volontez mat:
rac é digacç à gra dech
dre fin à carantez:
couls goude receuité
à volontez mat.

P. Trugarecat

voſtre maiſtre,
& luy direz
que ie le remercieray
s'il plaiſt à Dieu.
L. Bien Pierre.
P. Verſez à boire
à Lucas,
& luy portez la chandelle.
L. Bon ſoir
Pierre,
& vóſtre compagnie.
P. Bon ſoir Lucas,
auez-vous beu?
L. Ouy Pierre.
M. Iean,
mouchez la chandelle,
regardez ſi le reſte
eſt preſt:
oſtez tout d'icy,
& aportez autre choſe:
& des tranchoirs nets:
& apportez-nous le fruiĉ
auec le fourmage.
F. Tout eſt icy mon pere.

ho meſtr,
ha liuirit dezaff
me diſeruigoff diountaff
mar plig gant Doué.

L. Mat me graiſſ Pezr.

P. Liquit da effa
da Lucas,
ha digacçit é en goulou.

L. Nos mat dech
Pezr,
ha do compaignunez oll,

P. Nos mat-dech Lucas,
ha huy oz eus effet.

L. Ya-ſur Pezr.

M. Ian,
mouchit an goulou:
hac ith da guelet
hac an hiny al ſo preſt:
limit ha hanen oll,
ha digaſsit aman tra all:
ha tranchouerou net:
ha digaſsit deomp an froueziou
aſſambles gant an fourmaig.

F. Emaint aman oll, ma tat.

P. Oſtez ce plat d'icy.

A. Dauid beuuez
   vne fois à moy,

D. Ie feray cela
   volontiers:
   ie boy à vous
   de bon cœur.

A. Bon prou-vous face,
   ie l'ayme de vous,
   ie vous feray raiſon.

D. Rogier, ne ſçauez-vous
   rien de nouueau?

R. Non certes,
   ie ne ſçay rien
   ſinon que bien.

D. Ne parle-ton point
   de la paix?

R. Ie ne ſçay,
   à parler
   de la paix,
   ie croy que la paix
   eſt encore loin à cercher.

D. N'auez vous pas
   ouy dire,

P. Limit an plat man ha han.
A. Dauid effit
   vn guez diff.
D. An dra fe ha griffme
   ioayus:
   me a eff dech
   à caloun mat.
A. Mat da gray dech,
   me cómer ioayus digueneoch,
   hac en taluezo voarnoch.
D. Roger, ha huy na goar
   nettra a neuez?
R. Salu ô gracç certen,
   ne goun nettra
   nemet mat.
D. Hac en na coumfer
   quet an peoch?
R. Ne gouffen quet pettra,
   a lauaren
   a ves an peoch,
   me a cret an peoch
   a fo pell diouzomp hoaz.
D. Ha huy no' heus
   quet cleuet,

comme le Roy
de France
a perdu la bataille
contre les Espagnols?
R. I'ay bien ouy
dire celà,
mais l'on ment tant
qu'on ne sçait que croire.
on dit merueilles,
mais Dieu seul sçait,
ce qu'il aduiendra.
D. Vous dites vray.
R. Si nous voulions
faire paix auec luy,
la guerre
ne dureroit
pas longuement.
D. Il est certes vray.
Iean, ostez tout cecy,
& venez dire
les graces.
I. Ie vien mon pere,
Bon prou vous face
mon pere, ma mere,

quet

quet cleuet
penaus an Roué a Franeç
en deueus collet an batail
ha enep an Spaignolet?
R. An dra se ammeus
cleuet mat,
quen lies ha gaou a lauarer
na gouffet pe da biou crid ff:
cals a maruailloou à lauarer,
mes Doué ep muy quen a goar,
an pez a dle donet.
D. Guir a liuirit.
R. Ma caremp
ober peoch gantaff,
añ bresel
ne chommé
quet pell.
D. Certanamant guir eo.
Ian, lim mit an traezou man,
ha deuet da lauaret
gracçou.
I. Donet a graff ma tat.
Doué do miro,
ma tat, ma mam,

G

& toute la compagnie.

P. Beuuons
apres les graces.

R. C'est bien dit,
mais il nous faut aussi
dire les secondes graces.
Pierre, combien de vin
auons nous eu?
nous voulons
payer le vin.

P. Non-ferez certes,
vous ne donnerez rien,
vne fois pour toutes:
si i'ay eu le moyen
de vous donner à manger,
ie l'auray bien aussi
de vous donner à boire.

R. Que seroit celà
le vin est maintenant cher,

P. Vous oyez
ce que ie vous dy.

D. Bien donques
nous vous remercions,
c'est à nous

hac an compaignunez oll.

P. Effomp breman
goude graçç.

R. Lauaret mat eo,
hoguen ret eo deomp
lauaret an eil graçç.
Pezr, pe quement a guin
honneus ny effet?
ny a fell deomp
pa ea an guin.

P. Na paeot quet fur,
ne roet nettra,
affes a fo lauaret:
mar emmeus bet an moyen
da reiff deoch da dibriff,
me am bezo iuez
da reiff deoch da euaff.

R. Petra ve an dra fe
an guin a fo breman querr?

P. Cleuet a grit
an pez pehiny a lauara dech.

. D. Mat eta,
ho trugarecat a greomp,
deomp ny eo

à le defferuir.

M. Tout eſt deſſeruy.

P. Ie vous remercie auſsi,
que vous eſtes venus.
François, apportez
vn fagot,
& faites bon feu
pour nous chauffer.

F. Le feu eſt allumé
mon pere.

D. Nous n'auons pas froid,
nous voulons nous en aller,
car il eſt temps.

M. Quelle haſte
auez vous?

A. Il eſt
bien dix heures,

M. Non pas encore.

R. Si-eſt.

M. Iean allez querir
la lanterne.

D. Nous ne voulons
pas auoir de lanterne:
le temps eſt clair,

diſeruicha.

M. Diſeruiget eo oll.

P. Me ô trugarecat iuez,
ho beza deuet.
Francçes, digaccit
vn fagoden aman,
ha grit tan mat
euit ma tomimp.

F. Allumet eo an tan
ma tat.

D. Nonneus quet a riou,
monet a fell deomp,
rac poent eo.

M. Pebez haſt
oz eus huy?

A. Dec heur
é ell beza.

M. Nendeo quet hoaz.

R. Eo ſur.

M. Ian ith da querchat
an letern.

D. Nonneus quet
da ober a letern:
ſclær eo an amſer,

il n'en est pas besoiu,

H. Dieu vous doint
bonne nuiĉt.

P. Et à vous aussi,
ie vous commande à Dieu.

Le II. CHAPITRE,
pour apprendre à acheter
& vendre.

Catherine, Marguerite, Daniel,

C. **D**ieu vous doint
bon iour
commere,
& vostre compagnie.

M. Et à vous aussi
commere.

C. Que faites-vous icy
si matin à la froidure?

nen deus quet da ober.
H. Nos ma da roi
   Doué dech.
P. Ha deoch huy iuez,
   Doué do miro.

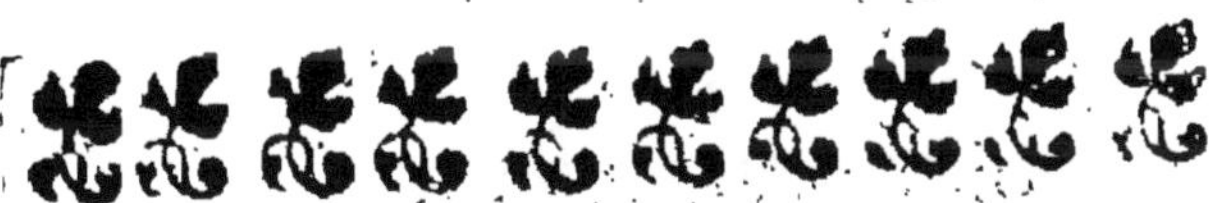

AN EIL CHABISTR,
euit difquiff prænaff ha
guerzaff.

Catell, Marguaryt, Daniel.

C. D^{oué da roiff}
      deiz mat dech
   ma coummaer,
   hac oz compaignunez.
M. Ha dech huy iuez
   ma coummaer.
C. Petra a grit huy aman
   quen mintin man en yenien.

auez-vous longuement
esté icy?
M. Enuiron vne heure.
C. Auez-vous
beaucoup vendu
ce iour?
M. Qu'auroy-ie
desià vendu?
ie n'ay encore
point receu d'estrene.
C. Ne moy aussi.
M. Ayez bon courage,
il est encore matin:
Dieu nous enuoyera
quelques marchands.
C. Ie l'espere:
en voicy venir vn,
il viendra icy.
Mon amy,
que voulez-vous acheter?
venez-cà,
vous plaist-il
acheter quelque chose?
Regardez si ie n'ay rien

ha huy so beth
pell aman?
M. Voar dro vn heur.
C. Ha huy oz eus
guerzet cals
hizyo?
M. Petra am be me
guerzet quen buhanse?
nemeus receuet
nettra hoaz.
C. Na me iuez.
M. Ho bezet couraig,
mintin eo hoaz:
Doué a digaçço
deomp marchadouryen.
C. Me à esper:
ez eus ertu vnan,
donet a gray aman.
Ma mignoun,
petra vezo a prenot huy?
deuet-aman,
hac ez à plig gueneoch
prenaff vn dra benhac?
sellit à me ameus nettra

qui vous duiſe.
Entrez, i'ay icy
de bon drap,
de bonne toille,
de toute ſorte:
bon drap de ſoye,
camelot,
damas, veloux.
I'ay auſsi
de bonne chair,
de bon poiſſon,
& bons harens:
Il y a icy de bon beurre,
& auſsi de bon fourmage,
de toutes ſortes.
Voulez-vous acheter
vn bon bonnet?
ou vn bon liure
en François?
ou en Breton?
ou en Latin?
ou vn liure à eſcrire?
Achetez quelque choſe,
regardez ce

ha guement a pligeff dech.
Antreit, me meus
aman mezer mat,
ha lien mat,
a bep sceurt,
ha sceiz mat,
camolot,
damas , voulous,
me ameus iuez
quic mat,
pesquet mat,
hac harynquet,
aman ez eus hamãn mat,
ha fourmaig mat,
a bep sceurt.
ha huy ó teur prenaff
vn bonet mat?
pe vn leffr mat
ha Gallec?
pe ha Brezonnec?
pe à Latin?
pe vn leffr da scriffaff
prænit vn dra bennac,
sellit petra

qu'il vous plaist acheter,
ie vous feray
bon marché,
demandez
ce qu'il vous plaist,
ie le vous laisseray voir:
la veuë
ne vous coustera rien.
D. Combien
payeray-ie
de l'aune
de ce drap?
C. Vous en payerez cinq
solz.
D. Combien
me coustera
l'aune de ce drap?
C. Elle vous coustera
vingt solz.
D. Combien
vaut la liure
de ce formage?
C. La liure vaut
vn sol.

a plig deoch da prenaff
me a roiff
marchat mat dech,
goulennit
an pez a plig dech,
me ó leſo da guelet:
an guelet
ne couſto nettra deoch.
D. Pe quement
à pay me
en goualen
a vez an mezer man?
C. Pemp guennec
a couſtoff deoch.
D. Pe guement
a couſto
an goualen an mezer man?
C. Couſtout à graiff dech
vguent guennec.
D. Pe guement
a dal an liurr
à ves an fourmaig man?
C. An liurr
a dal vn guennec.

D. Que vaut le pot
    de ce vin?
C. Le pot vaut
    trois solz.
D. Combien faites-vous
    la piece?
C. Ie la fais
    cinq florins,
    en vn mot.
D. Que donneray-ie
    de celà?
    mais ne me le
    sourfaites point.
C. Non certes,
    ie ne le vous
    sourferay pas,
    ie le vous diray
    en vn mot:
    vous en payerez
    dixsept solz
    & demy,
    s'il vous plaist.
D. C'est beaucoup trop.
C. Non-est certes:

D. Petra a dal an pot
a ves an guin man?

C. An pot a dal
tri guennec.

D. Peguement é iſtumit hu
an pez?

C. Me en iſtum
pemp ſcouet,
en vn guer.

D. Petra à paymé
en ennez?
na priſit é quet
re diff.

C. Salu ho gracç certen,
nen priſiff quet
re deoch,
me lauaro dech
en vn guer:
ſeitdec guennec
ha anter,
a couſtoff dech
mar plig guenech.

D. Re eo calz.

C. Nan deo quet ſur certen.

combien
m'offrez-vous?
offrez-moy quelque chofe:
ie ne le donneray
pour ce
que vous m'offrez,
offrez moy quelque chofe.
D. Qu'offriroy-ie
fur celà?
vous me l'auez
trop fourfait.
C. Non-ay:
mais il n'eft pas dit
que ie ne
le donneray
pour moins
que ie n'ay dit:
dites-moy ce que vous
en donnerez?
D. I'en donneray
douze folz.
C. Pour ce pris
il n'eft pas à bailler,
vous m'offrez perte,

pe guement a offrit-hu
diffine?
offrit diff vn dra bennac:
me ne roiff quet dech
euit an pez
a offrit diff,
offrit diff vn dra bennac.
D. Petra à offren
dech huy?
re ozeus é
priſet diff.
C. Salu ho gracç:
hoguen nen deo quet
lauaret,
ne rohen
a bianoch
euit ammeus lauaret:
liuirit diff pe guement
a roet?
D. Me a roiff dech
daouzec guennec,
C. Euit an pris ſe
ne gouffen é reiff
coll a offrit diff,

vous m'offrez trop peu:
I'en ay bien icy
que ie vous donneray
pour ce pris,
mais il n'eſt pas
ſi bon que ceſtuy-là:
ie vous en
montreray bien,
que ie vous donneray
à moindre pris,
mais le moindre pris
n'eſt pas touſiours
bon à cercher:
vous ne pouuez
mieux faire,
que d'acheter
quelque choſe de bon:
encore que fuſsiez
mon frere,
ie ne vous en ſçaurois
donner de meilleur.
D. Voulez-vous auoir mon argêt?
C. Non pas ainſi.
D. Vous aurez encore

re neubeut à quiniguit diff:
Me ammeus aman
hac à roiff dech
a ves an euelep pris,
hoguen nen deo quet
quen couls ha canez:
me à deufqeuzo
deoch en mat,
pehiny à roiff deoch
a yfeloch pris,
hoguen an pris yfell,
nen deo quet mat bepret
da veza clafquet:
ne gouffach quet
ober guell,
euit prænaff
vn dra pehiny a ve mat:
pa vech
ma breur,
ne gouffen quet
reiff guel dech.
D. Ha huy ó teur caout ma argant.
C. Non pas eualfe.
D. Ho bezo hoas

deux folz
& demy.
C. Ie ne puis,
i'y perdrois.
D. Ie me puis
donner d'auantage.
C. Bien,
Dieu vous conduiſe:
allez voir ailleurs,
ſi vous pouuez
acheter à meilleur marché:
vous ne l'aurez
nulle part
à moindre pris,
i'ay la puiſſance
de vous donner
auſſi bon marché
comme vn autre,
mais ie neveux
pas perdre:
ie le vous laiſſe
preſque pour le pris
qu'il ma couſté:
il me faut

daou guennec
ha anter.

C. Ne gallen quet,
coll am be.

D. Ne roiff quet
dauantaig dech.

C. Mat,
Doué do conduyo:
ith da guelet en lech all,
ha huy à caffo
a guell marchat:
nen queffot
en ep lech
a bianoch pris,
me à ell
e reiff dech
a quen coulz marchat
hac vn all,
hoguen ne fell quet
diff coll:
me en ro dech
quasunant a ves an pris
pehiny a coust diff
ret eo diff

gaigner quelque chose:
on n'assied pas icy
pour rien gaigner.
il me faut viure:
vous sçauez-bien
que toute chose est chaire,
il faut
que l'vn suiue l'autre:
si vous
ne voulez donner
les quinze solz,
ie ne vous puis
ayder,
vous estes trop chiche.
D. Certes ie le suis.
C. On ne peut
rien gaigner apres vous:
si vn chacun estoit
aussi chiche que vous estes,
ie pourrois bien
fermer ma boutique,
car ie ne gaignerois
pas le pain
que ie mangerois.

gounit vn dra bennac:
ne asezomp quet aman
nemet da gounit vn dra,
ret eo diff beuaff:
gouzout à grit en mat
pep tra so querr,
ret eo
dan eil heul éguile;
ma na
quirit reiff
an pemzec guennec,
ne gallaff quet
ho sycour,
re piz ouch.
D. An dra se ouff, sur.
C. Ne galler gounit
nettra gueneoch:
ma ve pep vnan
quen piz a huy,
he gallen
ferry ma stall,
rac ne gounez en quet
an bara
a debren.

D. Cela vous plaist à
dire.

C. Il est certes vray.

D. Or escoutez vne parole.

C. Bien, dites.

D. Ie donneray encore
vn sol,
& non plus,
ie ne puis
donner d'auantage,
ie serois tancé.

C. Ce seroit
peu de cas,
ie serois aussi
tancée,
si ie la donnois pour moins,
estes-vous
à vn sol pres?
c'est honte,
que vous me
tentez si longuement
pour vn sol:
que vous peut ayder
vn sol ou deux?

D. An dra

D. An dra se a plig
   gueneoch da lauaret,
C. Guyr eo certen.
D. Ha huy ó teur cleuet vn guer?
C. Mat, liuirit.
D. Me a roiff hoaz dech
   vn guennec,
   ha ne roiff quen,
   ne gallaff quet
   reiff dauantaig,
   scandalet vehen,
C. Neubeut à dra
   ve quemeuse,
   ha me a ve iuez
   scandalet,
   ma é rohen à bianoch:
   hac vn guennec
   eo ho tart huy?
   mez eo dech,
   ma derchel quet se
   euit vn guennec:
   petra à seruig
   vn guennec na daou,
   dech-huy?

D. Voire ! vous dites bien
  icy vn sol,
  & ailleurs
  vn autre,
  ce sont deux solz.
  Bien,
  ne l'auray-ie pas?
C. Non pour ce pris là.
D. Or à Dieu, ie m'en vay.
C. Dieu vous conduise :
  Or venez-çà, prenez-le
  ie ne puis refuser
  mon estrene,
  c'est trop bon marché:
D. Vous le dites,
  ie dy que c'est trop cher,
  vous m'auez trompé.
C. Ie vous quitte,
  si vous estes
  mal content.
D. Ce me seroit honte,
  si ie faisois celà:
  tenez vostre argent,
  combien vous en faut-il auoir?

D. Hac en ſol mat à liuirit
   aman vn guennec,
   hac en lech all
   vn all,
   daou guennec vent:
   mat , hac é reiff,
   ha grit huy diff-me?
C. Ne é roiff quet euit an pris ſe.
D. Mat adieu , me à ya.
C. Doué do conduyo:
   Mat deuet aman , coummerit é,
   ne reffuſy quet
   an dyner quentaff,
   re marchat eo.
D. Huy a lauar,
   Me a lauar eo re querr,
   troumplet ouff gueneoch.
C. Me ó cuytaff,
   mar douch
   drouc countant.
D. Mez ve diff,
   ma grahen an dra ſe!
   coummerit ó argant,
   pequement à rinquyt huy?

C. Vous le sçauez bien
   traize liures
   & demie,
   n'est-il pas ainsi?
D. Bien, tenez là,
   rendez-moy
   dix sols.
C. Ie n'ay point
   de monnoye:
   pour combien
   me donnez vous cecy?
D. Pour quatre solz
   & six deniers.
C. Pour ce pris là
   ie ne le receuray point,
   il ne vaut pas tant.
D. Si-fait,
   demandez-le.
C. Donnez-moy
   d'autre argent,
   ie ne sçaurois
   mettre cecy.
D. Si ferez bien,
   ie le vous fay bon:

C. Gouzout à grit en mat
　　tryzec liurr
　　ha anter,
　　ha nendeo quet.
D. Mat, dalet y,
　　roit diff
　　dec guennec.
C. Nemeus quet
　　à mouneyz:
　　pe euit quement é roit
　　huy diff me eman?
D. Euit peuar guennec
　　ha huech dyner.
C. Euit an pris sé
　　nen coummeriff quet
　　nen dal quet quement se.
D. Graff sur,
　　goulennyt,
C. Roit diff
　　argant all,
　　Ne gouffen quet
　　lacat eman.
D. Guellot sur,
　　me ra mat deoch aneza:

si vous ne le pouuez mettre,
rapportez le moy,
ie vous donneray
d'autre argent:
tenez, en voila vn autre.
C. Maintenant ie suis contente,
voulez-vous
qu'on le vous porte?
ie le vous feray porter.
Prenez celà valet,
& allez auec luy.
D. Il n'est pas besoin,
ie le porteray bien,
à Dieu Madame.
C. Grand mercy
mon amy,
quand vous aurez affaire
d'aucune chose,
venez à moy,
ie vous feray
bon marché.
D. Bien Madame,
ie le feray volontiers:
à Dieu soyez commandée.

ma na illit é lacat,
digacçit é diff,
ha me à roiff deoch
ó argant:
dalet chetu aman vn all.
C. Breman ez ouff coumant,
ha huy ó teur
ma vezo douguet dech?
ha me graiff é douguen dech.
paotr, coummerit é
ha douguit é dezaff.
D. Nen deo quet necesser,
men dougo en mat,
à diu Ytroun.
C. ó trugarez
ma mignoun,
pa ó bezo da ober
a vn dra bennac,
deuet dauidoff me,
ha me à roiff dech
marchat mat.
D. Mat Ytroun,
men gray ioayufamant:
Doué do miro.

Le III. CHAPITRE,
pour demander vne debte.

Morgant, Gautier, Ferrand.

M. Bon iour
mon amy.
G. Et à vous ausſi.
M. Vous ſçauez-bien
pourquoy ie vien icy,
ne ſçauez-vous pas?
G. Non certes.
M. Comment?
ne ſçauez-vous pas
qui ie ſuis?
ne me connoiſſez-vous pas?
G. Non, qui eſtes vous?
M. Auez-vous oublié
que vous euſtes dernierement
marchandiſe de moy?
G. Il eſt certes vray.

AN TREDE CHABISTR,
euit goulen vn dle.

Morgant, Gautier, Ferrand.

M. Deiz mat dech
ma mignoun.
G. Hi dech-huy iuez.
M. Gouzout a grit
pe euit tra é deua aman,
ne gouzoch-huy quet?
G. Salu ó gracç sur.
M. Penaus?
ha ne gouzoch-huy quet
piou ouff me?
ha ne maznauit huy quet?
G. Salu ó gracç, piou ouz huy?
M. Hac anccouueat oz eus huy
oz eus bezet marchadourez
digueneff me?
G. Guyr eo certen.

M. Bien, quand auray-ie
mon argent?
G. Ie n'ay certes
maintenant point d'argent
i'ay baillé dehors
tout l'argent que i'auois,
il vous faut encore auoir
huit iours patience.
M. Ie ne puis
plus longuement attendre,
ie veux estre payé,
i'ay
assez attendu:
faites que
i'aye de l'argent,
ou ie vous
feray arrester:
ou baillez-moy répondant,
G. Combien est-ce
que ie vous doy?
M. Vous le sçauez bien,
G. Ie l'ay
certes oublié:
Ie l'ay escrit,

M. Mat, peur em bezo me
  ma argant?
G. Certen nemmeus quet
  ha argant breman
  roet emeus quement
  am boa à argant,
  ret eo deoch hoaz
  caffet eiz dez patiantet.
M. Ne guallaff quet
  deport dauantaig,
  me a fell diff.bezaff paet,
  guortoet emmeus
  asses:
  grit ma embezo
  argant,
  pe autramant me graiff
  oz arrety:
  pe roit cret.diff.
G. Pe guement a dleaffine
  dech-huy?
M. Huy a voar en mat.
G. Encouueat
  eo gueneff certen:
  scriffet eo gueneff,

  mais ie ne ſçay où.

M. Vous me deuez
  dix liures
  quatre ſolz,
  n'eſt-il pas vray?
  n'eſt-il pas ainſi?

G. Ie croy certes
  qu'il eſt ainſi.

M. Vous m'auiez promis
  de me donner argent
  paſſez deux mois,
  vous ſçauez bien celà,
  mais vous n'auez pas
  tenu voſtre
  promeſſe.

G. Il eſt bien vray,
  mais ie n'ay ſçeu
  recouurer d'argent
  de ceux
  qui me doiuent.

M. Ie n'ay que faire,
  de celà
  faites-vous payer.

G. Voire ! & quand les gens
               hoguen

hoguē ne goun quet pe en lech.

M. Dec liurr
a dleit diff
ha peuar guennec,
ha nen deo quet guyr?
é euelhen eo?

G. Me a cret certen
ez eo eualſe.

M. Perometet ó boa
reiff argant diff
tremenet daou deiz,
an dra ſe à gouſoch en mat,
hoguen no eus quet
dalchet
ho promeſſaff.

G. Guyr eo certen,
hoguen nemeus quet guallet
cahout argant
digant
nep a dle diff.

M. An dra ſe
nem ſourcyaff quet,
grit ó paeaff.

G. Ya! ha pa nendeues

n'ont point d'argent,
que leur feray-ie?
il me faut bien attendre
qu'ils en ayent:
on ne doit
estre si rigoureux,
nous deuons auoir
compassion
l'vn de l'autre,
comme Dieu
nous a commandé.
M. Il est bien vray,
mais i'ay
assez longuement attendu
ie ne puis
attendre plus longuement,
car ceux
à qui ie doy,
ne veulent pas aussi
plus longuement attendre,
si ce n'estoit celà,
i'attendrois bien.
G. Or sus, venez auec moy
ie vous payeray,

an dut argant,
petra a grahen me dezo?
ret eo diff gourtos
quen ó deuezo;
ne dleher
bezaff rigourus,
truez à dleomp
da cahout
an eil ouz eguile,
euel ma en deueus Doué
coummandet deomp.
M. Guyr à liuirit,
hoguen asses
ammeus gourtoet guenech
ne gualloeff
gourtos dauantaig guenech,
rac an re
a dleaff dezo,
ne fell dezo iuez
gourtos muy:
pa na ve an dra fe,
me gourtoe en mat.
G. Or çà, deuet gueneff
me ó paeo,

ou ie vous
bailleray plaige.
M. Bien allons,
i'en suis content:
bien que dites-vous?
G. Venez-çà mon amy,
cêt homme demeurera
plaige pour moy.
M. Fera-il celà?
est-il vray mon amy?
voulez-vous demeurer
plaige pour cêt homme?
F. Ouy, combien est -ce
qu'il vous doit?
M. C'est dix liures de gros.
G. Comment! est-ce autant?
ce n'est pas tant.
M. Si-est.
G. Non-est certes,
ie iureray bien
que ce n'est pas tant.
M. Combien est-ce donc?
G. Il n'y a
que neuf liures,

pe me roiff
deoch cret.
M. Mat deomp,
countant ouff:
mat petra à liuirit huy?
G. Deuet aman ma mignoun,
an den man a vezo
cret euidoff.
M. Hac é a graiff an dra ſe?
ha guyr eo ma mignoun?
ha huy teur beza
cret euit an den man?
F. Ya, pe guement
a dle é dech-huy?
M. Dec liurr mouneiz mat.
G. Penaus, à quement ſe eo?
nen deus quet quement ſe.
M. Eus certen.
G. Certen nen deus quet,
me en toué en mat,
nen deus quet quement ſe.
M. Pe quement ſo eta?
G. Nen deus nemet nao
liurr ep muy quen,

vous mesme le m'auez
tout maintenant dit,
M. Le vous ay-ie dit?
non ay.
G. Si auez.
M. Bien, ainsi soit donc:
il me semble toutesfois
que c'est dix,
mais ie suis content,
puis que vous dites
que ce n'est non plus:
quand seray-ie payé?
G. Dedans dix iours.
M. Ie suis content,
mais tenez vostre parole.
G. Ie feray celà,
sans faute.
F. En cas
qu'il ne vous paye,
ie vous payeray.
G. Ie suis content : à Dieu.
F. A Dieu mon amy.

lauaret oz eus é diff
breman souden memes.
M. Ha me ammeus lauaret dech?
nameus quet sur.
G. Lauaret ô eus sur.
M. Mat, bezet eual se eta:
auis a gra gueneff
couls goude ez eo dec,
Hoguen countant ouff,
pa liuirit diff
nen deus quen:
peur ez veziff paet?
G. Abarz dec deiz.
M. Countant ouff,
hoguen dilchit ho promessa.
G. An dra se a griff,
hep faut en bet.
F. Ma no
paé,
me ô paeo.
G. Me so countant à Dié.
F. A Dié ma mignoun.

Le IIII. CHAPITRE,
Pour demander le chemin : auec
autres propos communs.

André, Robert, Catherine.

A. Dieu vous gard
maistre Robert.
R. Monsieur,
Dieu vous donne
bonne vie.
A. comme va
de la santé
depuis que ie ne vous vis?
R. Tellement quellement.
A. Il me semble,
que vous ne vous portez
pas si bien,
que vous souliez.
R. A quoy
le connoissez-vous?

AN PEVARE CHABISTR,

Euit goulé an hét : gãt coumſou
all pere à ſo coummun.

Andre, Rober, Cathellin.

A. **D**Oué do miro
meſtr Rober.

R. Autrou,
Doué da roiff
buhez mat deoch.

A. Penaus à ves
ha hanoch-huy
a ba no guælis?

R. Guel à ma gallaff.

A. Auis a gra gueneff,
nen douch quet
quen yach,
euel ma cuſtumach beza.

R. Penaus é aznauit
huy an dra ſe?

A. A voftre face
   qui eft fi palle.
R. I'ay eu cinq ou fix
   accez de fiéure,
   qui m'ont fort
   rendu débile,
   & m'ont ofté
   tout l'appetit.
A. C'eft yne mauuaife
   maladie:
   où cheuauchez-vous
   fi bellement?
R. A. Anuers,
   à la foire de Pentecofte.
A. Et moy auffi:
   fi vous voulez,
   nous irons
   enfemble.
R. Ie le veux bien,
   mais vous cheuauchez
   vn peu trop fort pour moy.
A. Cheuanchons
   comme il vous plaira,
   ie le veux bien,

A. Diouz ó bifaig
  à fo quen guenfe.
R. Peimp pe huech acçes
  terzyen ammeus bet,
  pere ó deueus
  ma dibilitet,
  hac ó deues lammet dygueneff
  ma oll appetit.
A. Vn gouall
  cleuet eo;
  ma marechayt huy
  quen gorrech fe?
R. Da Anuers,
  da foar an Pantecoft,
A. Ha me iuez:
  mar quyrit,
  ny a yelo
  affambles.
R. Countant affes ouff
  hoguen marechez à grit
  vn neubeut buanoch euidoff.
A. Marechaomp
  euel ma querot,
  me fell diff iuez,

car mon cheual
va les ambles
aiſement.
R. Et le mien
trotte trop dur.
Or allons
de par Dieu:
qui ſont ceux-là
qui vont deuant nous?
A. Certes ie ne
les connois pas:
ce ſont marchands,
picquons vn peu
pour les atraper,
car i'ay peur que nous ne ſoyons
hors de noſtre chemin.
R. Non-ſommes,
n'ayez pas peur.
A. Toutesfois il eſt bon
de le demander.
R. Demandez-le
à cette Bergere.
A. M'amie,
où eſt le droit chemin

rac ma march
a ya
dans pas æs.
R. Ha ma hiny me
a trot re calet.
Breman deomp
en hano Doué:
piou eo an reount
à ya dirazomp ny?
A. Certen na
aznaua quet:
marchadouryen int,
picquomp vn neubeut
euit oz tizout,
rac aoun ammeus
na faziemp voar an hent.
R. Nendoump quet faziet,
no bezet quet à aoun,
A. Couls goude mat
eo goulen.
R. Goulennit
diouz an Bergeren-se.
A. M'amignounes,
ma idy an hent eun

d'icy à Anuers?
R. Tout droit deuant vous,
   ne vous fouruoyant,
   ny à dextre
   ny à feneftre,
   tant que veniez
   à vn haut orme,
   alors tournez
   à la gauche.
A. Combien de lieuës
   auons nous d'icy
   au prochain village?
C. Deux lieuës & demie,
   & vn peu plus.
A. Allons maintenant
   à laife,
   car ie fuis
   hors de doute:
   i'apperçoy l'arbre
   dont elle
   nous a parlé.
   Il fait bien poudreux,
   la poudre
   me creue les yeux.

da monet da Anuers?

R. Dirazoch eun,
na troyt,
nac a cleiz
nac à dehou,
quen à arriuot é quichen
vn guez en bras à eulach
neuſe diſtroit
an dourn cleiz.

A. Pet leau
honneus ny ahan
dan toſtaff villagen?

C. Dyou leau ha anter,
hac vn neubeut dauantaig.

A. Deomp breman
en on æſamant,
rac nemmeus
aoun en bet:
me a guell an guezen
pehiny à lauare
an plach ount.
Poultrec eo an hent,
an poultr
am dall.

R. Prenez ce taffetas
    pour mettre deuant voſtre face
    & il vous gardera
    de la poudre,
    & du Soleil.
A. Il n'en eſt pas beſoin,
    car le Soleil s'en va coucher:
    i'ay peur
    que nous ne ſoyons
    pas de iour
    à la ville.
R. Sauf voſtre grace:
    mais le pis eſt,
    que ce chemin
    eſt dangereux,
    à cauſe des brigands.
    On détrouſſa l'autre
    iour vn riche marchand
    à coſté de cêt arbre,
    ce qui me fait
    auoir peur
    d'eſtre déualiſé,
    ſi nous ne nous
    donnons garde.

R. Coummerit an taftas man
  da laquat voar ó facç
  hac en ó miro
  diouz an poultr,
  ha diouz an Eaul.

A. Nen deus quet da ober,
  rac an Eaul à ya da cuzet,
  aoun ammeus
  ma na vezomp
  à deiz
  en kær.

R. Ma excufit:
  hoguen gouaza tra ſo
  an hent man
  a ſo dangerus,
  rac an brigantet.
  An deiz arall
  é voué derobet vn marchadour
  equichen an guezen man,
  an dra ſe à gra diff
  caffet aoun
  na vemp dyualiſet,
  ma na lequeomp
  euez.

A. Ie voy le clocher
de la ville,
si ie ne suis
deçeu.
R. Certes,
il sera tard
deuant que nous y arriuions,
ie me doute, que nous
n'entrerons pas.
A. Pardonnez-moy:
on ne ferme pas les portes
deuant neuf heures.
R. Tant mieux,
car ie ne loge
pas volontiers
aux faux bourgs.
A. Ne moy aussi.
R. Demandons à ces gens là
où est la meilleure hostellerie
de cette ville.
A. Ne vous souciez de cela,
ie sçay bien
le meilleur logis
de la ville:

A. Me à guel tour
   kær,
   ma na douff
   troumplet.
R. Certen,
   diuezat vezo abarz
   ma vezimp é kær:
   aoun am meus, ma nã
   guellompantren.
A. Pardounit diff:
   ne ferrer quet an perzier
   quent euit nau heur.
R. Guel a fe,
   rac ne defiraff
   quet logaff
   en faboursou.
A. Na me iuez.
R. Goulennit diouz an tut man
   pellech em an guellaff
   hoftalery à yes an kær man.
A. Na fourcyet quet an dra fe,
   ma goar mazedy an
   hoftallery guellaff
   fo en kær:

c'eſt au Lion rouge,
en la ruë de la chambre,
Haſtons-nous vn peu
ie vous prie,
car il me ſemble
qu'on leue
le pont-leuis.
R. Ie ſuis tant las,
que ie ne ſçaurois
paſſer plus outre:
& d'auantage
mon cheual cloche:
ie penſe
qu'il eſt encloüé,
ou bleſſé ſur le dos :
& puis ce paué
eſt tant dur, qu'il me
briſe tout.
A. Entrons donc dedans.

en Leon ruz eo,
é bars en ru ne ó chambr.
Haſtomp vn neubeut
meo pet,
rac auis a graff
gueneff é ſauer
an portz-cuynt.
R. Quen ſcuyz ouff,
na gallen quet
tremen dauantaig:
ha hoaz
ma march à cam:
me à iſtim
ez eo anclaouuet,
pe blæſſet voar é quem:
hac ouz pen eo
an paue ſe a ſo quen calet,
maz ouff ganta torret oll.
A. Antreomp eta ébarz.

Le V. CHAPITRE,

Deuis familiers estans à l'hostellerie.

Robert, Simon l'hoste, & autres.

R. DIeu vous garde
de mal
mon hoste.
S. Soyez les bien venûs
Messieurs.
R. Logerons-nous
bien ceans
pour cette nuict?
S. Ouy
Monsieur.
Combien estes-vous?
R. Nous sommes six
de trouppe.
S. Nous auons
assez de logis

AN V. CHABISTR,

Diuy ſou familier ho bezaff
an hoſtalery.

Robert, Simoun an hoſtys, hare all.

R. DOué do miro
    ouz pep drouc
ma hoſtys.

S. Deuet mat da vihet
autrounez.

R. Ha ny à halle logaff
en mat en ty man
he noz?

S. Guellot ſur
autrou.
Pet ſo à hanoch-hu?

A. Huech oump
en vn coumpaignanez.

S. Logeys aſſes
honneus

pour trois fois autant,
Descendez
quand il vous plaira.]
R. Auez-vous bonne
estable,
bon foin,
bonne auoine,
& bonne litiere,
auez-vous de bon vin?
S. Le meilleur
de la ville:
vous en gousterez.
R. Auez-vous quelque chose
à manger?
S. Ouy , messieurs:
descendez seulement,
car vous n'aurez faute
de rien.
R. Traitez-nous bien,
car nous sommes las,
& demy morts
de faim & de soif.
S. Messieurs,
vous serez bien

euit try

euit try quement all.
Dyſquennit
pa pligo gueneoch.
R. Ha huy oz eus
merchauſſy mat,
ſouen mat,
ha querch mat,
ha læter mat,
ha guin mat oz eus huy?
S. An guellaff
a quement ſo é kær:
tauaff à grehet.
R. Huy ó eus nettra
da dibriff?
S. Ya ſur, autrounez:
dyſquennit ep muy quen,
ne deffauto deoch
nettra.
R. Hon trætit en mat,
rac ſcuyz oump,
hac anter maru
gat na houn à ſechet.
S. Autrounez,
trætet mat

traitez,
& vos cheuaux aussi.
R. C'est bien dit
frottez-bien mon cheual:
quand vous l'aurez dessellé,
destroussez sa queuë,
faites-luy
bonne litiere,
prenez son licol
qui est
en la bourse de la selle:
s'il n'y en a point,
achetez-en vn:
ie vous rendray
vostre argent,
& ti aurez
vostre vin.
S. Monsieur,
il n'y aura
point de faute,
vostre cheual
a-il beu?
R. Non, mais ne l'abreuuez
pas encore.

vihet,
hac ho rouncçeet iuez.

R. Lauaret mat eo
frottit en mat ma march:
pa ó bezoff é dizibræt,
diſtrouncit é loſt,
grit læter mat
dezaff,
coummerit é cabeſtr
pehiny a ſo
é godell an dibr:
ma nen deus nigun
prænit vnan:
me a rento dech
oz argant,
hacho bezoff
lot an guin.

S. Autrou,
ne vezo quet
a faut,
ha doureat
eo ho march hu?

A. Nendeo quet, hoguen
na dourayt é quet hoaz.

car il est encore trop chaud:
vous luy feriez prendre
les auyues,
pourmenez-le vn petit,
& quand il aura
mangé quelque peu,
vous le menerez
à l'abreuuoir:
regardez si les sangles
ne sont point rompues:
apportez ma bougette
qui pend à l'arçon
de la selle,
tirez mes bottes
& nettoyez-les,
puis metez-y
les tricques - houses dedans.
S. Il sera fait
Monsieur:
vous plaist-il maintenant
venir souper?
R. vous dites bien.
vous estes bon compagnon,
or sus, allons:

rac tom eo dezaff hoaz:
occafio vech dezaff
da caffet an auies,
pourmenit é vn neubeut,
ha pa en deuezo
debræt vn neubeut,
cacçit è
da euaff:
fellit hac an
fenclou fo torret:
digacçit ma bougeden diff
pehiny fo ouz arçon
an dibr,
tennit ma heufou
ha torchit-y,
ha goude liquit
an trique - heufou ebarz,

§. Græat vezo
Autrou:
hac ez a plig guenech
breman donet da coanyaff?

R. Mat é leuerez,
coumpaignoun mat out:
or ça, dcomp breman:

ie suis tout prest.
D. Ie m'en vay souper
  à la ville,
  si quelqu'vn
  me demande
  vous me trouuerez
  en la maison du Tresorier
  ou bien dites-leur,
  qu'incontinent
  apres souper
  ie reuiendray.
A. Escoutez,
  demain au matin,
  deuant qu'abreuuiez
  mon cheual,
  menez-le au mareschal,
  & qu'il se donne garde
  de ne l'enclouer.
S. Messieurs,
  n'oubliez-pas
  de boire à moy,
  & ie vous
  plaigeray tous.
A. Certes vous auez

me à ſo præſt.

D. Me à ya en kær
da coanyaff,
mar em goulen
den em queffot
en ty an Tenſoryer
pe liuirit dezo,
é dizroy,
incontinant
ha ma embezo
coanyet.

A. Cleuit:
voar hoaz mintin,
a barz douzaff
ma march,
cacçit é dan mariſchall,
ha lcqueat euez
ne'n enclaouo.

S. Autrounez
ho bezet couff
da euaff diff
ha me ó
cretay oll.

A. Certen, gaou bras

grand tort,
de rompre
si bonne compagnie,
D. Il n'y a
remede,
ie vous tiendray
compagnie
demain tout le iour.
A. Quelles gens
y a-il là dedans?
S. Ce sont hostes.
A. D'où sont-ils?
S. De cette ville:
vous plaist-il
soupper auec eux?
A. Ce nous est tout. vn.
S. Bon prou vous face
Messieurs.
E. Grand mercy
mon hoste.
S. Ie vous prie
faites bonne chere
de ce qu'il y à,
& n'espargnez

hoch eus,
terry an heuelep
coumpaignunez man.
D. Ne gouffet petra
a rabet,
me vezo coumpaignun
dech voar hoaz
a het an deiz.
A. Pe sceurt tut
a so é baiz?
S. Hostisyen int.
A. Pe'alech indy?
S. A ves an kær man,
ha huy ó teur
coanya gant é.
A. Countant oump.
S. Doué da vezo gueneck
Autrounez:
E. O trugar'cat
ma hostis.
S. Me ó suply
grit cher mat
a ves an pez a so,
ha na espernyt quet

pas le vin,
car il fait chaud
sommeiller,
tirez vne chopine
de vin clairet,
pour leur donner
à taster.
Mes hostes,
que vous semble
de ce vin?
n'a-il pas bon goust,
n'a-il pas
belle couleur,
ne vaut-il pas bien
le boire.
A. Il est beau & bon:
où est l'hostesse?
S. Elle viendra incontinent,
faites cependant
bonne chere
de ce que vous auez:
vous serez mieux traitez
vne autre fois
A. Nous sommes tres-bien

ãn guin,
rac tomder à graff
ha hoant eoufquet,
tenait vn chopinat
guin clæret,
euit reiff dezo
da tauaff.
Ma hoftyfien,
petra a foungyt-huy
a ves an guin man?
han deffe quet blafet mat,
ha neffe quet
liuet mat,
ha ne dall é quet en mat
é euaff?

A. Mat, ha caer eo:
hoguen ma ioy an hoftyfes?
S. Donet a graiff incontinant
couls goude grit
cher mat oz gortos
a ves an pez fo:
vn guez allé vihet
guell tretet.
A. En mat emmaoump

mon hoste.
nous vous remercions.

S. Monsieur,
ie boy à vous.

A. Ie l'ayme de vous
mon hoste,
ie vous plegeray
de bon cœur.

S. Monsieur, vous plaist-il
me donner conger
de boire à vous?

A. Ie vous remercie
cent mille fois.

S. Il me semble vous auoir
veu autre-fois,
mais il ne me souuient pas
bonnement où:
il m'est aduis
que c'estoit à Bruxelles.

A. Ouy certes,
ie suis de Bruxelles.

S. Il ne vous desplaira pas
si ie demande vostre nom:
comment vous appellez-vous?

ma ho-

ma hostys,
ó trugarecat à greomp.

S. Autrou,
me à eff dech.

A. Men effo diguenech
ma hostys,
me rento pareil dech
a volontezmat.

S.. Autrou ha é a pligoff
gueneoch, reiff coungé diff
da euaff dech?

A. Ho trugarez
cant mill guez.

S. Auis a graff gueneff
ho bezaff aguez all,
hoguen nemeus quet à couff
pe en lech, bonamant:
me à istum ez eò
en Bruxelle.

A. Ya certes,
me so à Bruxelles.

S. Ne displigo quet guenech
mar goulenna oz hano:
pe hano à grær à hanoch-hu?

A. Ie m'apelle Samſon.

B. De quel lignage eſtes vous?

A. De la lignée
des Eſcoliers.

B. Vous dites vray,
ie vous reconnoy maintenant,
Comment vous va?

A. Comme voſtre amy,
preſt à vous faire
plaiſir.

B. Ie vous remercie
de voſtre bon vouloir:
d'où venez-vous maintenant,
de delà la mer?

A. Non, ie vien
de France,
d'Angleterre,
& d'Allemagne.

B. Que dit-on de nouueau
en France?

A. Certes rien de bon.

B. Comment celà?

A. Ils ſont tellement acharnez
les vns contre les autres,

A. Samson a grær à hano.

B. Pe à lignez ouz huy?

A. Aues a lignez
an Scolaeryen.

B. Guyr, a liuyrit,
breman en oz az nàuaff.
Penaus a hanoch-huy?

A. Euel ho mignoun,
præst da rentaff
seruig deoch.

B. O trugarecat à graff
a ves ho volontez mat:
pe a leach he deut huy,
aues an coftez all dan mor?

A. Salu ó gracç donet a graff
à Francç?
ha Brofaos,
hac à Alamaign.

B. Petra fo à neuez
en Francç?

A. Certes nendeus nettra à mat.

B. Petra é quement fe?

A. Quement en em caftizout
an eil à enep eguile,

que i'ay horreur
d'en parler.
S. Dieu nous preserue
de la guerre ciuile,
car c'est
vn mauuais fleau:
mais il nous faut
auoir patience,
nous aurons la paix
quand il plaira à Dieu.
A. Que dit-on de nouueau
en cette ville?
que dit-on de bon?
S. Tout va bien,
ie ne sçay rien de nouueau.
A. Messieurs,
ne vous desplaise:
ie me trouue
vn peu mal.
S. Monsieur, si vous
vous trouuez mal,
allez vous-en reposer,
vostre chambre est preste.
Ieanne,

ma emmeus borreur
ho prezec aues an dra se,
S. Doué don præseruoff
a ves an bræsel ciuill,
rac vn cruel det
bras eo:
hoguen ret eo deomp
cahout patiantet,
ny on bezo an peoch,
pa plygo gant Doué.
A. Petra à lauarer à neuez
en kærman?
petra so à mat?
S. Pep tra so mat,
ne goun nettra à neuez.
A. Autrounez,
nem et na displigeff guenech:
en em caffa
vn neubeut claff.
S. Autrou, mar en em
ciffit claff,
ith da repos,
ho chambr à so præst.
Iannet,

faites bon feu
en sa chambre,
& qu'il n'ait faute
de rien.

A. M'amie,
mon lict est-il fait?
est-il bon?

F. Ouy Monsieur,
c'est vn bon lict
de plume,
& les linceux
sont fort blancs.

A. Tirez mes chausses,
& bacinez mon lict,
car ie suis
fort mal disposé:
ie tremble comme la fueille
sur l'arbre:
chauffez mon couure-chef,
& me serrez
bien la teste.
Holà, vous serrez trop,
apportez mon oreiller,
& me couurez bien:

grit tan mat
ené chambr,
ha na deffauto
nettra.
A. Ma mignounes,
ma guele hac é so græt?
hac é so en mat?
F. Y a sur Autrou,
vn guele mat
a plu eo,
hac an linceryou
so guen meurbet.
A. Tennit ma lezrou,
ha tommyt ma guele,
rac drouc dysposet.
bras ouff:
crenaff à graff euel
an delyen voar an guezen
tommit ma coueff nos
ha stardit
en mat ma pen.
Holla, re é stardit
digacçit diff ma oryller,
ha ma goloit en mat;

tirez les courtines,
& les attachez d'vne efpingle,
où eft le pot de chambre?
où eft la chambre baffe?
F. Suiuez-moy,
& ie vous
monftreray le chemin:
montez là haut
tout droit,
vous les trouuerez
à la main droite,
fi vous ne les voyez,
vous les fentirez-bien
Monfieur,
ne vous plaift-il
autre chofe?
eftes-vous bien.
A. Ouy m'amie,
d'étaignez la chandelle,
& vous aprochez de moy.
F. Ie la d'étaindray
quand ie feray hors de là,
que vous plaift-il,
n'eftes-vous pas

tennit an courtinou,
ha attachit y gant vn spillen,
pellech eman an pot chābr?
pellech eman an chábr eas?

F. Ma eulyit,
ha me deusqeuso
deochan lient:
pinnit eun
ouz creach,
hac en é queffot
an tu dehou,
é santout à reot en mat
Autrou,
ha nettra
à fell
dech-huy quen?
.hac en mat é douch-hu?

A. Ya sur ma mignounes,
lazit an goulou,
ha deuet tostic diff.

F. Me é lazo
pa vezi eat an chambr,
petra à fell dech-hu,
ha ne maouch quet

encore bien?
A. I'ay la teste trop basse,
hauffez vn peu
le trauerfin,
ie ne fçaurois
coucher fi bas.
M'amie,
baifez-moy vne fois:
& i'en
dormiray mieux.
F. Dormez, dormez,
vous n'efte pas malade
puis que vous parlez
de baifer:
pluftoft mourir,
que de baifer vn homme
en fon lict,
ny autre part.
Repofez de par Dieu,
Dieu vous donne
bonne nuict,
& bon repos,
A. Grand mercy
la belle fille.

en mat hoaz?
A. Ma pen à so re ifell,
gorroit vn neubeut,
an oriller,
ne ouffen quet
coufquet quen ifell fe,
Ma nñgnounes,
pocquit diff vr guez,
hac é coufquiff
guel à fe.
F. Coufquit, coufquit,
nen douch quet claff
pa coumfit
à pochet:
guel é gueneff meruel,
euit pochet da vn den
en é guelle,
nac en lech all.
Repofit en hanuo Doué,
Doué da roiff
nos mat deoch,
ha repos mat,
A. O trugareçat
plach couante

Le VI. CHAPITRE,
Deuis de la leuée.

Simon, Robert, Artus.

A. HAu,
nous leuerons-nous?
n'est-il pas temps
de se leuer?
B. Quelle heure est-il?
A. Il est deux heures,
il est trois heures.
Garçon,
apporte de la lumiere,
& fay du feu
que nous
nous leuions.
B. Criez plus haut,
il ne vous enten-pas.
C. Me voicy

AN VI. CHABISTR,
An diuys euit seuell.

Symoun, Robert, Artus.

A. OR ça,
   ha seuell à greomp ny?
   ha nendeo quet
   poent seuell?
B. Pet eur eo?
A. Diou eur eo,
   teyr eur eo.
   Paotr,
   digacç goulou aman,
   ha gra tan
   euit
   ma sauimp.
B. Gryit huelhoch,
   no cleao quet.
C. Chetu me aman

Monsieur,
que vous plaist-il?
il n'est pas encore iour,
vous pouuez bien dormir
deux bonnes heures,
auant qu'il soit iour.

A. Va , va,
allume le feu:
tu nous veux
faire aussi paresseux,
& aussi bons mesnagers
que toy.
Seiche ma chemise,
afin que ie me leue.

B. Demeure au lict
qui voudra,
quant à moy
i'ay trop d'affaires.

A. Où est le
palefrenier?
allez luy dire,
qu'il meine mon cheual
à la riuiere:
quand il l'aura bien frotté

Autrou,
petra à fell dech-huy?
nen deo quet hoaz deiz,
diou eur é hillit
cousquet hoaz,
abarz ma vezo deiz,

A. Quea, quea,
alum an tan:
te à fell dit
on ober quen diet,
à quen couls tieien
ha te.
Heoch diff ma rochet,
iuit ma siuiff.

B. Chommet nep à caro
en é guele,
eui dome,
memeus re à afferoui

A. Pellech eman
an palafriner?
ith da lauaret dezaff,
cas ma march
da abeury:
ha pa en deuezo é frottet

& eſtrillé,
peigné les crins,
ſellé & trouſſé
ſa queuë,
qu'il le laiſſe
bien boire:
& puis qu'il luy baille
vn picotin & demy
d'auoine.
B. Allez-moy acheter
vne douzaine d'eſguilleres:
les oeillets
de mes chauſſes
ſont rompus.
Preſtez-moy
voſtre poinçon.
C. Eſtes-vous debout
Monſieur?
A. Ouy,
n'eſt-il pas temps?
C. Il n'eſt pas tard.
les marchands
n'ont pas encore
ouuert leurs boutiques,

mat, ha scriffellet,
cribat é moué,
é dibraff ha
trouncça é loft,
hac é lesell er mat:
da effa:
ha goude roét dezaff
vr musur à anter
à querch.

B. Ith da prenaff diff
vn doucç en acuilletou?
toullou lacç
ma léε zrou
à so torret.
Preftit diff
hô poençon.

C. Ha sauet ouch-huy
Autrou?

A. Ya sauet ouff,
ha nendeo quet poent?

C. Nen deo quet diuezat,
an marchadourien
no deueus quet digoret
hoaz ô bouticlou,

ny desployé
leurs marchandises,
habillez-vous
à vostre aise.
A. Nous allons à l'Eglise,
apprestez tandis
le desieuner.
C. Que vous
appresteray-ie?
il est auiourd'huy
iour de poisson.
A. Comment?
C. C'est la vigile
de S. Barthelemy:
il est iour de ieusne.
A. Ie n'y pensois pas
certes:
ie ne sçauois pas
qu'il fut ieusne.
Apprestez-nous donc
vne douzaine
d'œufs fraiz
cuits en la braise,
des gasteaux chauds,

na dyſpleguet
ô marchadourez,
en em guiſquit
en och æſamant.
A. Ny a ya dan Ilis,
oz gortos
præparit da iguny.
C. Petra à fell dech-huy
a præparen me?
deiz peſcquet
à ſo hizyo.
A. Penaus?
C. Vigell ſo da
ſant Berthelemee;
yun ſo hizyo.
A. Nemboa quet
a couſſ certes
ne gouezien quet
é voa yun.
Præparit deomp
vn doucçen
viou freſq eta
poazet en tan,
cuynnou tom,

& du beurre fraiz:
allons messieurs,
estes-vous prests?
B. Certes,
voicy vne belle
& riche ville.
Voyez les belles rues,
& les belles maisons.
A. Voila vn beau
temple,
vne belle Eglise.
B. Voila
vne belle fille,
vne belle femme,
vn bel homme.
A. Quel gentil-homme
est celà?
B. C'est le
plus noble
le plus hardy
le plus honneste } du pays,
le plus sage
le plus riche

hac amman fresq:
deoump autrounez,
ha huy so prest?

B. Certen,
chetu aman vn kær
brao ha pinuidig.
Sellyt caera ruou,
ha caezra tyes.

A. Chetu aman
vn templ caer,
hac vn Ilis caer.

B. Chetu aman
vr plach caer,
vn gruech caer,
hac vn den couant.

A. Pebez dygentil
eo ennez?

B. An den
noblaff
an hardizaff
an honeftaff   } aves
an fauantaff   an bro,
an pinuidicaff

le plus humble
le plus courtois } de la
le plus liberal.   cité.

A. Quel homme est celà?
B. C'est le
plus fier
le plus auaricieux
le plus ialoux
le plus coüard   } de la
le plus paoureux   ville,
le plus pauure
le plus grand
donneur de bons iours

A. Quelle femme est celà?
B. C'est la plus belle
la plus honneste   } de la
la plus chaste   par-
la meilleure   roisse,
la plus heureuse.

A. Quelle fille
est celà?

B. Ce n'est pas vne fille,
elle est mariée.

A. Elle n'est pas

hac an humplaff   ⎱   a ves
an courteffaff   ⎰ an cité,
an liberalaff

A. Pe fceurt den eo ennez?

B. An den
fieraff
an auaritiuffaff
an ialouffaff
an couartaff   a ves a
an aounecaff   a kær,
an paouraff
an braffaff
debocher.

A. Pe fceurt gruech eo ounnez?

B. An caeraff
an honeftaff   a ves
an chaftaff   an par-
an guellaff   ras,
an euruffaff.

A. Pe fceurt plach eo
ounnez?

B. Nendeo quet plach,
demezet eo.

A. Nen deo quet

mariée.

B. Elle est fiancée,
elle est vefue,
elle est bonne
mefnagere:
elle a vn bon
doüaire,
elle a bon
mariage.

A. Qu'a-elle
en mariage?

B. Elle a vertu
& honnesteté,
n'est-ce pas affez?

A. Ouy.

B. Qui est icy
enterré
& enfeuely?

A. C'est l'Abbé de N.

B. Voyla vn beau tombeau,
vn beau
& riche fepulchre,
lifons l'épitaphe.

A. Retournons maintenant

dime-

dimezet.

B. Demezet eo,
   intaues eo,
   tiegues
   mat eo:
   moien
   é deueus,
   argoulou
   mat é deueus.

A. Petra eff deueus ȳ
   en argoulou.

B. Vertuz hac honeſtet
   é deueus,
   ha nendeo quet aſſes?

A. Eo ſur.

B. Piu ſo aman
   enterret
   ha ſebelyet?

A. An Abbat an N.

B. Che tu aman
   vn vols caer,
   ha pinuidich,
   lennamp an epiſtaphen.

A. Retournomp breman

M

au logis,
pour deſieuner:
& puis nous acheterons
ce qu'il nous faut.

Le VII. CHAPITRE,
Propos de marchandiſe.

A. MEſsieurs,
    qu'acheteriez-
vous volontiers?
regardez ſi i'ay choſe
qui vous duiſe:
ie vous feray
auſsi bon marché,
qu'homme
qui ſoit à la ville:
entrez dedans.
B. Auez-vous des cariſez
    tainture de Flandre?
A. Ouy monſieur,
    i'en ay de fort beaux

dan logeis,
diguny :
ha goude ny à prenoff
ar pez a vezo neceffer.

🌿 : 🌿 🌿 🌿 : 🌿 🌿 : 🌿

AN VII. CHABISTR.
Propos à marchadourez.

A. A Vtrounez,
    petra à prenot?
huy à mat?
fellit à me meus nettra
à plige deoch :
me roiff quen
couls marchat deoch,
à den à guement
fo en kær :
antreit é barz.

B. Ha huy oz eus
    querefe à liou Flandres?

A. Y a fur autrou,
    me meus hà re brao

M ij

& bons:
des meilleurs de la ville,
voire qui soyent
en Angleterre.
De quelle couleur
le demandez-vous?
brun, gris,
orangé, tanné,
rouge, iaune, violet?
i'en ay
de toutes couleurs,
& à tout pris.
B. Que faites-vous
l'aune de ce noir?
ie vous prie,
ne me le sourfaites pas.
A. Ne voulez-vous
qu'vn mot?
il vous coustera
vn escu l'aune.
B. C'est trop,
i'en bailleray
quatre solz.
A. C'est trop peu

ha re mat:
an re guellaff so ez kær,
ya à guement
so en Brosaus.
Pe a liou
er goulennit huy?
brun, gris,
oranges, tané,
ruz, melen, violet?
me meus à
pep liou
hac à pep pris.
B. Petra à guerzit huy
an goualen à ves an du?
me ó suply,
na guerziteff quet re diff.
A. Ha ne-fell dech-huy
nemet vn guer?
vn scouet à cousto
an goualen deoch.
B. Re eo.
me roiff deoch
peuar guennec.
A. Re neubeut eo

  certes,

C. i'y perdrois,
    il me couſte dauantage:
    prenez la piece entiere
    pour ſix liures.
    quatre ſolz
    & ſix deniers:
    ce n'eſt que quatre ſolz
    ſix deniers l'aune.

B. C'eſt trop cher,
    combien y en a-il d'aunes?

A. Vous les
    verrez meſurer,
    il y en a
    vingt-ſept & demie
    & vn demy quart.

B. I'en donneray
    tout au dernier mot
    ſix liures.
    I'en ay refuſé
    d'auſsi bonne que cette-cy
    à meilleur marché d'vn gros
    pour aune.

A. Vous la deuiez

certen,
coll a graen,
dauantaig à couſt diff:
coummerit ar pez antier
euit huech liurr
peuar guennec
ha huech dyner:
nendeo nemet peuar guennec
huech dyner an goualen.

B. Re quer eo,
   pet goualen a ſo?

A. Guelet à reot
   ez muſuri,
   beza ez eus ſeiz goualen
   voar nuguent à anter
   hac vn anter paleuarz.

B. Me é roiff
   euit an guer diuezaff
   huech liurr.
   Me meus reffuſet
   quer couls ha eman
   guell marchat à vn guennec
   dre goualen.

A. Euff coummeret

prendre,
& vous promets
que si vous n'estiez
mon chaland,
vous ne l'auriez
pas à moins
de six liures
quinze solz le gros.
Puis que c'est vous,
ie vous rabbats
plus de neuf solz
sur la piece.
Ie pense que vous ne
voudriez pas ma perte,
certes si vous la refusez,
personne du monde
ne l'aura pour le pris:
voire, feusse
mon propre frere.
B. Or bien,
vous me rabbatrez
les dix deniers,
pour faire
le compte iuste.

à dleuisach,
me promet dech
ma na visach
ma marchadour,
no pe euff quet
à bianoch
euit huech liurr
pemzec guennec.
Hoguen paz eo huy eo,
me hà rabbat deoch
muy euit nao guennec
voar an pez.
Me à souing
ne carach quet à coll diff,
ha certen mar é reffusit,
den er bet nen
deuezo é euit ar pris:
ya, pa ve
ma breuzr ve.
B. Mat eta,
rabbaty à reot diff
an dec dyner,
euit ober an
count iust.

A. Ie ne me
tiendray pas à dix deniers.
B. Ie vous payeray
en bon or,
& de poids.
A. Ce m'est tout-vn,
la monnoye m'est
aufsi bonne que l'or,
mais certes
vous este trop chiche,
toutesfois i'ayme
mieux perdre,
que de vous esconduire:
i'espere que i'auray
vne autre-fois
plustost qu'vn autre
de vostre argent.
B. Ouy de vray:
ie ne vous lairray pas
pour vn autre.
Ie voudrois que i'eusse
vn porte-faix,
car il me faut acheter
beaucoup d'autres choses

A. No reffuſy quet
    euit dec dyner.
a. Me ó paeo en
    aour mat,
    hac à poues mat.
A. Nen deus quet à cas,
    ar mouneiz
    à ſo couls guene hac aour
    hoguen cerres
    re chich ouch,
    couls goude guel eo
    guene coll,
    euit ó reffuſy:
    me à eſper em bezo
    vn guez all
    quent euit vn all
    a ves och argant.
B. Ya vezo ſur:
    no liſyffquet euit
    monet da vit vn all,
    Me care em be
    vn portezer
    rac ret eo diff prenaff
    cals à traezou all

& mon logis
est loin d'icy.
A. Que vous faut-il d'auantage?
B. Vne piece ou deux
de veloux.
A. Ie n'en ay point
certes,
mais allez
à la boutique prochaine
de l'autre costé
de la ruë,
l'on vous y fera
meilleur marché
pour l'amour de moy.
C. Monsieur,
que demandez-vous?
cerchez-vous de bon veloux,
satin, damas,
futaine, ostade,
bougran, taffetas,
ou aucune sorte
de drap de soye?
que voulez-vous?
on vous fera

ha ma ty
ſo pell ach-han.
A. Petra à fell dech-hu dauantaig?
B. Vr pez pe daou
à voulous.
A. Nemeus quet
certen,
hoguen ith
dar ſtall toſtaff
an coſtez all
da ru,
hac ó bezo
guel marchat
à palamour diff me.
C. Autrou,
petra à goulennit-hu?
ha voulous mat à cliſquit huy,
ſatin, damas,
fuſten, oſtad,
bougaran, taſtas,
ha pep ſceurt
ſceizou?
petra fell deoch? huy?
me raiſſ

bon marché.
B. Cêt apprentif
a bonne langue:
il veille
pour le profit de son maistre?
Monstrez-moy vne piece
de veloux noir.
C. Bien, ie le feray.
Regardez, n'est-il pas bon?
en veistes-vous
iamais de tel?
B. N'en auez-vous pas
de meilleur?
C. Ouy, mais il est
de plus grand pris.
B. Il ne m'en chaut
quoy qu'il couste,
mais qu'il soit bon.
C. Voicy du meilleur
veloux,
que vous maniastes iamais.
B. Vous me le voulez
faire à croire.
I'en ay veu de meilleur,

marchat mat deoch.

B. An difquibl man
en deueus teaut mat,
dyu ny a graff
euit proffit é meftr.
Deufqeuzit diff vn
voulous du.

C. Mat, me à graiff.
Sellit an deffé quet mat?
ha huy à guelas
bizcoaz é fceurt?

B. Ha no heus-hu quet
à guell?

C. Eus fur hoguen
à braffoch pris eo.

B. Ne em fourcyaff quet
pe guement à coufto,
nemet é vezo mat.

C. Chetu aman guellaff
voulous,
à manefoch bizcoaz.

B. Huy à fall fe deoch
reiff da cridy.
memeus guelet guell,

& de pire aussi.
Ne le déployez-pas tout,
i'en ay eu
la veuë.
C. Il n'y a point de danger,
celuy qui l'a desployé
le reployra bien.
Peine de vilain
est pour rien contée.
B. Que m'en coustera
la verge?
C. Vingt solz
de gros.
B. Vous le faites trop.
C. Non-fay certes,
car il n'est possible
d'en trouuer
de meilleur,
ny de plus belle
couleur.
B. Vous direz
ce que vous voudrez,
mais ie n'en
donneray pas tant.

ha gouaz yuez.
Na displeguit é quet oll,
memeus
eff guelet.
C. Nen deus quet a cas,
nep en deueus é displeguet
en plego adarre:
poan vn diegus.
Nen deo da veza priset nettra.
B. Petra à cousto
diff me an goualen?
C. Vguent guennec
é mouneiz mat.
B. Re en istimmit.
C. Nen prisaff quet certen,
rac impossibl
ve diff cahout
guel na,
na à caeroc
liou.
B. Huy à lauar an pes
à pligo gueneoch,
hoguen ne roiff quet
quement se.

C. Qu'en voulez-vous
 donc bailler?
 à fin que ie vende
 & que ie sois
 estrené de vous.
 I'espere que vous
 m'apporterez bon heur.
B. I'en bailleray
 dix-sept solz
 tout en vn mot,
 L'auray-ie?
C. Non certes,
 ie ne le peux
 vendre
 à ce prise
 vous le sçauez bien,
 il ne le vous faut
 point dire,
 il me couste plus
 que vous ne m'offrez:
 ie perdrois trop.
B. Combien faites-vous
 les deux pieces ensemble?
 & n'ayons

C. Peguement
à roit hu?
eguit ma guerziff
ha ma roet
commanççamant mat diff.
Me à esper é vihot
eur mat diff.

B. Me roiff
seitec guennec
en vn guer.
Ha membezo é?

C. Salu ó gracç,
ne gallen quet
é reiff
a ves an pris se:
gouzout a grit en mat,
nendeur affer
à lauaret deoch,
muy à coust diff
euit na offryt diff:
re à collen.

B. Peguement é prisit-hu
an daou pez assambles?
ha non bezet

qu'vne parole.
C. Ne voulez-vous
qu'vn mot?
vous en payerez
trente-deux liures:
autant en vn mot
qu'à cent,
vous n'en rabbatrez
pas vne maille.
B. Non, non,
vous estes trop cher,
dites-moy le dernier mot
& ne me faites pas
tant demeurer.
C. Monsieur,
ie vous l'ay dit:
ie suis homme
d'vne parolle,
ie ne le
pourrois bailler à moins
si ie n'y
voulois perdre.
B. Puis que vous estes homme
d'vn mot,

nemet vn guer.

C. Ha ne fell deoch-hu?
nemet vn guer?
daou liurr ha tregont
à paeot:
quement en vn guer
hac é quant,
ne rabaten quet
vn mezell.

B. Nettra, nettra,
re quer ouch,
liuirit diff en vn guer
ha na grit quet diff
choum queit se.

C. Autrou,
lauaret emmeus deoch:
me so den
dam guer,
ne gouffen quet
é reiff à bianoch
nemet coll
à fall se diff.

B. Paz ouch den
do guér,

il faut que nous
allions ailleurs,
car vous faites
voſtre denrée
hors de raiſon.
C. Allez où il vous plaira
au nom de Dieu,
cerchez voſtre mieux:
i'ayme mieux
qu'vn autre
y gaigne,
que i'y perde.
Mais ie vous puis
aſſeurer d'vne choſe,
que quand
vous iriez
par toutes les boutiques
d'Anuers,
vous ne trouuerez-
pas tel offre,
que ie vous ſay:
toutesfois ſi vous
ne trouuez mieux,
retournez:

eo ret deomp
monet en leach all,
é prisout à grit
en meas
a resoun.
C. Ith en leach ma pligo
gueneoch, en hanuo Doué,
clisquit guell:
guell eo guene
vn all da gounyt
euit,
é collen.
Hoguen me ell oz assury
à vn dra,
pazach
da quement
bouticl
so en Anuers,
ne caffach quet
guel offr,
euit à graff deochi
couls goude ma na
quiffit guell,
dizroit adarre dauido

vous sçauez mon pris.

B. Voftre pris n'eft pas
pour nous.

C. Bien,
à voftre commandement,
vous fçauez
ce que vous auez à faire.

B. Or bien,
puis que nous
ne nous pouuons accorder,
à Dieu:
ie me recommande.

C. A voftre bon plaifir,
fi ie le pouuois
laiffer à moindre pris,
vous l'auriez
aufsi toft
qu'homme du monde,
mefme pour l'amour
de celuy qui vous
a enuoyé vers moy.

D. Ils s'en vont,
ils s'en font allez.

C. Laiffez-les aller,

gouzout à grit ma pris.
B. Ha pris nendeo quet
euidomp ny.
C. Mat,
en ó volontez,
gouzout à grit
petra oz eus da ober.
B. Bremán eta
pa na hellomp
accordy,
à Dié:
Doué do miro.
C. Euel ma pligo gueneoch,
ma hallen é lesell
à bianoch pris,
ho pe eff
quer quene
a den en bet,
memes palamour
dan hiny en deueus huy
digacçet dauido.
D. Monet à greont,
eat ynt.
C. Lisly da monet,

laiſſez-les courir:
quand ils auront
couru leur ſaoul
parmy la foire,
il ſeront
bien aiſe
de retourner.
E. Monſieur,
il me ſemble
que ce veloux
eſt fort bon,
ſi nous le refuſons,
nous n'en trouuerons
pas aiſément de tel
pour le pris:
demandons-luy,
s'il veut rabbatre
les quarante ſolz.
Le prendrons-nous?
C. Ouy,
ſi vous m'en croyez,
ne vous en repentirez
vous point.
D. Mon maiſtre,

lifty da redec
pa ó deuezo
redet ó goualch
dre'n foar
é diftroint
ioayus
dauidomp.
E. Autrou,
auis a gra guené
eo mat
an voulous man,
mar é reffufomp,
ne caffimp quet
quen couls hac é
euit an pris:
goulennomp diganta,
hac é à rabatto
an daouguent guennee.
Ha ny en coummer euff?
C. Ya certen,
mar em cridyt,
ha no bezo
ceuz er bet.
D. Ma meftr, venot

ils retournent.

C. Ils feront
les biens-venus,
s'ils apportent de l'argent.

B. Ie vous prie,
ne nous faites
plus pourmener,
voulez-vous prendre
trente liures
de deux pieces
sans plus barguigner?
& nous vous conterons
de l'argent.

C. Certes vous estes
importuns,
vous ne vous souciez pas
si ie perds
ou si ie gaigne,
ce vous est tout-vn:
or sus, sus,
mesurons-le.

B. Non, non,
ie le tien pour mesuré:
ie m'en fie

diſtrey à greont.

C. Deuet mat
ra vezint,
mar digaççont argant.

B. Me ó ſuply,
na gryt deomp
muy pourmeny,
ha huy ó teur coummeret
tregont liurr,
a ves an daou pez
ep bargainnat muy?
ha ny ó countanto
à archant.

C. Certes
importunus ouch,
huy ne ſourcyit quet
pe me à coll
pe me a gounez,
nen deus quet à cas
la breman,
muſuromp eff.

B. Nettra, nettra,
me en coummer euit muſur
me a fizy.

bien en vous:
tenez , voila voſtre argent.
C. Cêt Angelot
eſt trop court.
Cêt eſcu au ſoleil
eſt trop leger.
Ces pieces de dix
ſolz ſont rougnées.
Ce ducat
n'eſt pas de poids,
Cêt eſcu de Flandre
n'eſt pas de miſe,
Ce real
eſt de bas or.
Ce daler n'eſt pas
de bon argent.
Ces reales d'Eſpaigne
ne ſont pas de bon alloy.
B. Vous eſtes bien difficile
à receuoir de l'argent,
ſi i'euſſe ſceu celà,
quand vous ne m'euſsiez
vendu que voſtre marchandiſe
vingt liures,

enoch:
dalet chetu vafe oz archant,
C. An Angelot man
a fo bihanic.
An fcouet eaul man
a fo re fcao.
An peziou a dee
guennec man a fo rouinnet,
An ducat man
nen deo quct a poues,
An fcouet Flandres man
nen deo quet à vfaig.
An real man
a fo à aour fall.
An daler man
nen deo quet archant pur,
An realet Spaing man
nen dint quet mat.
B. Difficil bras ouch
da coummeret archant,
ma gouifen an dra fe,
pa ó bife guerzet diff
ó marchadourez
euit vguent liurr,

veritablement
ie n'en eusse point
voulu.
C. Monsieur,
il est à vostre chois
de le prendre ou le laisser:
ie n'y gaigne pas
tant, que ie doiue
prendre de l'argent court,
ou qui ne soit de mise.
B. Vrayement ie ne l'ay
pas forgé,
ny rougné.
C. Ie croy bien,
mais ie n'y sçaurois
que faire.
B. Tenez,
voilà ma bourse,
payez-vous
à vostre contentement.
C. Voilà vn sol
qui est faux.
B. Attachez-le
à ce posteau.

em guyriones
nembye é quet
coummeret.

C. Autrou,
euel ma pligo gueneocheo
de coummeret pe de lesell:
ne gouneza quet
quement euel , euel à dlessen
coummeret archant faos,
ha à poues fall.

B. Certanamant nemeus y
quet forget,
na rouinnet.

C. Me cret en mat,
hoguen ne gouffen
petra à grahen.

D. Dalet,
chetu vase ma yalch,
en em payt
en oz volontez.

C. chetu vase
vn guennec faos.

B. Staguit euff
ouz an post se.

C. Il sera fait,
    apportez-moy le marteau
    & vn clou.
    Ie voudrois
    que les oreilles de celuy
    qui l'a coigné
    fussent aussi bien cloüées
    comme il est.
B. Il n'y auroit point
    de danger.
    Or-sus,
    estes-vous content?
C. Ouy monsieur:
    ie vous remercie,
    n'espargnez chose
    que i'aye,
    aussi-bien sans argent,
    qu'auec argent.
B. Grand-mercy sire.
    Porte-faix, chargez celà
    sur vostre dos,
    & le portez
    en mon logis.
F. Ie ne sçay

C. Great vezo,
   digacçit diff an morzoll
   hac vn taig.
   Me à caré
   diou fcouarn an hiny
   en deueus é couinnet
   é vent quen couls taiget
   euel maz eo eman.
B. Ne ve quet
   a cas.
   Or çà,
   ha huy fo countant?
C. Ya fur Autrou:
   ó trugarecat,
   na efpernyt tra
   à guement ammeus,
   couls ept archant,
   euel gant archant.
B. O trugarez Autrou.
   portezer liquit ennez
   voar ó chouc,
   ha douguyt é
   dam logeis.
F. Ne goun quet

où vous estes logé,
Monsieur.

B. A l'enseigne du Lion d'or,
en la ruë de la chambre,
& dites
qu'on appreste
le disner,
car nous serons là
incontinent.

C. Acheterons-nous
vne poupée
pour nos enfans?

E. Achetez-en
pour nous deux.

B. Et bien mon hostesse,
disnerons-nous?

G. Lauez-vous
quand il vous plaira,
& allez vous seoir.

B. Faites seller
& brider nos cheuaux,
nous deurions desià
estre à deux lieuës
d'icy.

pe en leach ouch loget,
Autrou.
B. En anſein an Leon ſour,
en ru en ó chambr.
ha liuirit
prepary
ſein,
rac breman
ny à yel diff.
C. Ha ny a pren
vn merchodenou
euit hon bugaleigou?
E. Prenit euidomp,
hon daou.
B. Ha hoſtyſes,
ha leinaff à graimp ny?
G. Goualchit
pa pligo gueneoch,
hac ith da aſezaff.
B. Grit dibraff
ha bridaff hon rouncçeet,
breman ez dleffemp
beza diou leau
ha han.

O

C. Sus, dînons
tout debout.
Allons.

E. Contons
mon hoste,
que deuons-nous?

H. Vous deuez
quatre solz
six deniers
homme & cheual.

B. Tenez,
estes-vous content?

H. Ouy monsieur.

B. Où est la chambriere?
Tenez, m'amie,
voylà pour vos espingles,
Valet, amene icy
mon cheual,
l'as-tu bien pensé?

I. Ouy monsieur,
il n'a eu
faute de rien.

B. Tien, voylà
ton vin.

C. Cà, leynomp
   o'll à ſao.
   deomp.
E. Countomp
   ma hoſtys,
   petra à dleomp ny?
H. Peuar guennec
   ha huech dyner
   à dleit, euidoch
   hac ho rouncçeet.
B. Dalet,
   ha huy ſo countant?
H. Ya ſur, autrou.
B. Maz idy an matez?
   Quement, ma mignounes,
   che tu euit ho ſpillou.
   Paotr, digacç
   ma march aman,
   ha te heus euſſ tretet mat?
I. Ya ſur autrou,
   me memmeus eſſ
   tretet en mat.
B. Dall, chede
   guerz an guin.

comme ie t'ay promis,
à fin que tu
te fouuiennes de moy
vne autre fois.

I. Grand mercy
Monfieur,
vous me trouuerez
toufiours preft
à vous faire feruice:
n'efpargnez-pas le logis
quand vous pafferez,
car vous y ferez
autant bien traité
& feruy,
qu'en logis
qui foit en Anuers.

B. Ie l'ay ainfi trouué:
ie ne le changeray point
pour vn autre.

euel ma emboa promettet dit,
eguit ma é bezo
souff à hano
vn guez all.

I. O trugarez
Autrou,
ma cahout
à reot bepret preſt
euit ober ſeruich deoch;
na eſpernnit an logeis
pa tremenot,
rac quer couls tretet
vihet ha ſeruichet,
ha eff ty
a guement ſo
en Anuers.

B, Eualſe emmeus eu çaffet
n'en ſaingyff quet
euit vn all.

Le nombre.

VN, deux, trois, quatre,
cinq, six,
sept, huit,
neuf, dix, onze,
douze, traize,
quatorze, quinze,
saize, dixsept,
dixhuit, dixheuf,
vingt,
vingt & vn,
vingt-deux,
vingt-trois,
trente, quarante,
cinquante, soixante,
septante, huictante,
nonante, Cent,
Mille, dix-mille,
cent-mille,
Million.

An nombrou.

VNan, daou, try, peuar,
   pemp, huech,
seiz, eiz,
nao, dec, vnnec,
daouzec, tryzec,
peuarzec, pempzec,
chuezec, seittec,
eittec, naontec,
vguent,
vnan voar n'uguent,
daou voar n'uguent,
try voar n'uguent,
tregont daouguent,
hanter cant, try vguent,
dec à try vguent, peuar vguent,
dec ha peuar vguent, Cant,
Mill, dec-mill,
cant - mill,
Milioun.

Les iours de la sepmaine.

DImanche,	Vne semaine,
Lundy,	vn iour,
Mardy,	huit iours,
Mercredy,	quinze iours,
Ieudy,	vn mois, vn an,
Vendredy,	vn demy-an,
Samedy.	vn terme.

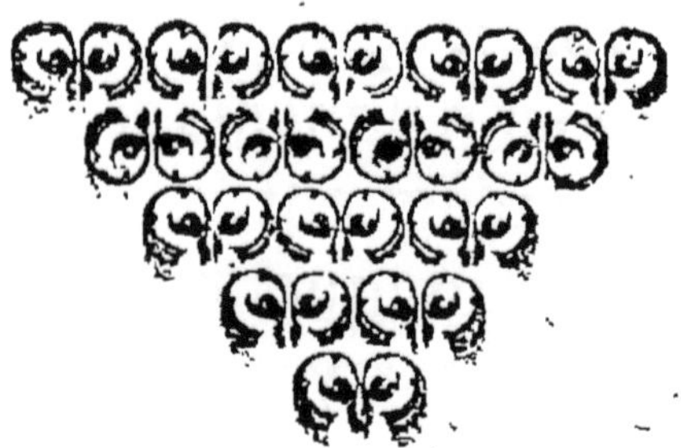

An deizyou à ves an sizun.

DYsull,	Vn sizun,
Dyllùn,	vn deiz,
Demeurz,	eiz deiz,
Demercher,	pemzec deiz,
Diziou,	vn mis, vn bloaz,
Derguener,	vn hanter bloaz,
Desadorn.	vn termen.

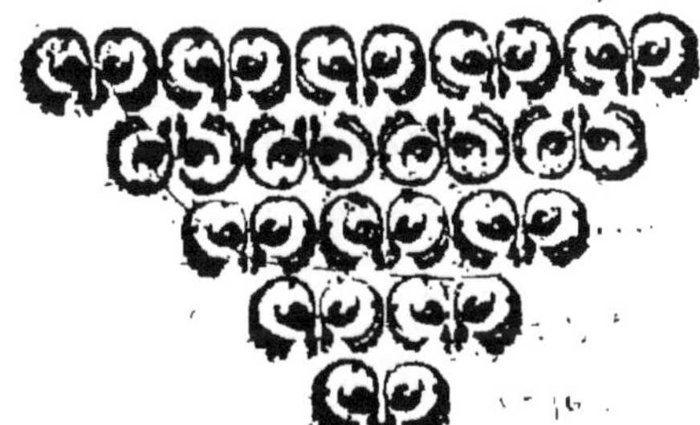

Le VIII. CHAPITRE,

Pour apprendre à faire missiues, conuentions, obliga-
tions & quitances.

Vne missiue pour escrire à quelque amy.

La superscription,

Cette lettre
soit donnée
à mon cher pere
Pierre de Barlaimont,
demeurant à Anuers
en la haute rue,
ioignant l'escu d'or.

Tres-honé
& bien aymé pere,
ie me recommande

AN VIII. CHABISTR,
Euit disquy ober lizerou mis-
syu, countradou, obliga-
cionou, ha cuittancou.

An seccõ da scriff a vn lizer da vn amis.

An superscription.

An lezer
bezet roet
dam tat
Pezres Barlemont,
habitant en Anuers
en ru vhelaff,
oz ars an scouet aour.

O Ma tat
honorabl,
me en em recoummand

tres-humblement
à voſtre bonne grace,
& auſsi ſemblablement
à ma
tres-aimée mere.
Sçachez que ie ſuis
en bonne proſperité,
Dieu en ſoit loüé:
mais ſçachez auſsi,
cher pere, que i'ay
grand deſir
de ſçauoir
comment il vous eſt.
car ie vous ay
eſcrit
deux ou trois lettres,
mais ie n'ay encore
receu nulle reſponce,
dont ie ſuis
fort eſmerueillé,
ne ſçachant
d'où cela peut venir.
Pourtant ay-ie
grand ſoing de vous,

humbla-

humblamant
do gracçou mat
hac iuez memesamant
da gracçou mat
ma mam.
hac en oz assuraff
ez ouff yach ha gaillart,
ha trugarez Doué:
hoguen me care gouzout
iuez
penaus
a ves ha hanoch
ma tat,
rac scriffet
emmeus deoch
daou pe try lizer,
hoguen nemmeus receuet
respount en bet,
ha ez ouff maruaillet
bras, a palamour dan dra se
pa na goun
petra eo an occasion.
Couls goude ez ouff
en sourcy bras ha hanoch,

P

craignant grandement
qu'aucune aduersité
vous soit aduenuë.
Ie vous prie donc
mon cher pere
que ne me vueilliez
laisser plus longuement
en ce soucy:
mais ie vous prie,
fur tout l'amour
que me portez,
qu'il vous plaise
me r'escrire
de voftre estat
par le porteur de cette,
ou par le premier
que vous trouuerez.
Item sçachez
cher pere,
que i'ay
grandement affaire
de trois ou quatre florins,
pour m'en aider
en ma nécessité:

ho dou ety
na ve deuet
vn anuy bennac deoch.
ha rac se
en oz pedaff ma tat
nam leſſot quet dauantaich
en ſourcy pehiny
maz ydouff:
hoguen me oz pet,
dre an carantez
och eus ouziff,
ez pligo gueneoch
diſcriffa diff
penaus ha ves ha hanoch
gant an meſſager man,
pe gant an quentaff
ha queffet.
Hac iuez ez roaff
da gouzout dech
ma tat,
emmeus affer bras
à try pé peuar ſcouet
euit ma ſycour
em afferou:

ie vous prie
que me les
vueillez enuoyer
par le porteur de cette:
& ne vueilliez penser
que ie dépende mon
argent inutillement,
car ie vous
rendray compte
de tout l'argent
que m'auez
enuoyé.
Il vous plaira aussi
de voſtre bonne grace,
me recommander
à tous nos amis.
Non autre
pour le preſent,
ſinon qu'il plaiſe
à Dieu, par
ſa miſericorde,
touſiours vous donner
ſa benigne grace.
Par moy Iean

me ho suply
ma pligo gueneoch
ó digacç diff
gant an meſſager man:
hac en ho ſuplya
na iſtummit quet ez diſpignen
ma archant inutilamant,
rac me à rento deoch
count
ha quement archant
och eus
digacçet diff.
Hac en ho ſupliaff
ez pligo gueneoch,
ober ma gourchemennou
dam oll mignounet.
Ha nettra dauantaich
euit breman,
nemet ez pligo
gant Doué
reiff deoch bepret
é gracç
hac é carantez.
Me Ian

de Barlaimont
voſtre humble fils,
demeurant à Bruges,
ſur le marché,
à la Couronne.
Le premier iour de May
en l'an de noſtre Seigneur
mil ſix cents
vingt cinq,
preſt
à voſtre ſeruice.

RESPONSE.

Mon cher fils
i'ay reçeu
le dixiéme iour de May
voſtre lettre,
eſcrite le premier
dudit mois,
par laquelle
i'ay entendu

Barlemont
och humblaff map,
ha choum en Bruges,
en marchat ez quichen
an faing an Curun.
En quentaff deiz à Maé
en bloaz an Autrou
mill huech cant
pemzec voar n'vguent,
bepret preft da rentaff
feruich deoch.

RESPOVNT.

Ma map cher
an decuet deiz a Maé
ernineus receuet
ó lizer,
fcriffet en deiz quentaff
an euelep mis,
pe dre hiny
emmeus ententet

que vous estes sain,
ce qui
m'est aggreable,
& que vous auez
grand desir
de sçauoir
comme il nous est,
Aussi que vous
m'auez enuoyé
deux ou trois lettres:
mais sçachez certes,
que ie n'ay
reçeu nulles autres,
que cette derniere.
Ie vous eusse
souuent escrit,
mais ie n'ay
trouué nuls messagers,
pour enuoyer les lettres:
& aussi
ie n'ay eu
choses nécessaires
pour vous escrire.
Touchant

ez ouch dispos,
hac emmeus
ioa meurbet,
ha huy iuez
oz eus desir bras
da gouzout
penaus ha hanomp,
Hac iuez och eus
digacçet diff
try pe peuar lizer:
hoguen ententit,
certen nemeus receuet
lizer all en bet,
nemet an diuezaff man,
Mem bise alies
scriffet deoch,
hoguen ne quaffen quet
ha messager,
euit cacç an lizerou:
hac iuez nemeus bet nettra
ha quement
à vise necesser
da scriffa deoch.
Touchant

de noſtre eſtat,
nous ſommes tous en ſanté
Dieu ſoit loüé.
Voſtre mere
a eſté malade
deux ou trois iours,
mais elle eſt maintenant
toute guarie,
graces à Dieu.
Ie vous enuoye
par ce meſſager
quatre florins d'or,
mais gardez-vous bien
de les deſpendre
inutilement,
ce ſeroit
mal fait,
car ie les ay gaignez
à grand trauail,
en la ſueur
de mon corps.
Faites touſiours bien,
& ſoyez diligent:
& ſur toute choſe,

an afferou,
gaillard oump oll,
Doué da vezo meulet,
Ho mam
so bet claff
daou pe try deiz,
hoguen breman
ez eo yach,
à trugarez Doué.
Me à cacç deoch
gant an messager man
peuar florin aour,
hoguen licquit euez
no dispingnet
inutilamant,
drouc
great ye,
rac me meus y gounezet
gant poan bras,
gant an chues
a ves ma corff.
grit bepret en mat,
ha bezir diligant:
licquit et ë na hentor,

gardez-vous bien
de mauuaise compagnie,
Vous auez commencé
raisonnablement bien,
mais vous ne faites rien,
si ce n'est
que vous perseueriez.
Non plus,
Ie vous recommande à Dieu.

LETTRE,
Pour escrire à ses debteurs.

Dauid mon bon amy
apres toutes
recommandations,
ie vous prie
amiablement,
qu'il vous plaise
m'enuoyer maintenant
les vingt florins,
que vous me deuez,

goual compaignunez
voar pep tra oll.
Commancet ó cheus
à trugarez Doué en mat,
boguen ne dal nettra,
quement à grit , ma na,
quirit perseueriff.
Nettra quen euit breman,
da Doué en ho recoummandaff.

LIZER,

Eguit scriffa de dleouryen.

DAuid ma mignoun cher
goude pep
recommandation:
me ó pet
amiablamant,
ma pligo gueneoch breman
digacç diff
an vguent florin,
pere à dleyt diff

car certainement
i'en ay
grandement affaire,
pour payer vn homme
à qui ie doy,
qui ne me laiſſe
en paix
de iour ny de nuict,
ſi ce n'eſtoit celà,
i'attendroy
bien encores,
mais grande néceſsité
me contraint:
pourtant
tenez-moy pour excuſé,
Venez vne fois
iuſques à Anuers,
pour vous recreer,
ſi pourrons nous
parler à loiſir
de nos affaires.
Vueillez nous eſcrire
de voſtre ſanté,
Quant à moy,

rac certenamant
asser bras
ammeus anezo,
euit paea
de da hiny ez dleaff,
pehiny nam les
en peoch
na deiz na nos:
pa na ve andrase
me ha gortoe,
hoas
hoguen an necessité
am contraing:
ha rac se
ma excusit.
Me à caré ez deuach
vn guez da Anuers,
euit en em recrey,
neuse ez coumsimp
à ves hon afferou
en on plygadur.
Me ó pet, discriffit de omp
penaus ha ehanoch.
Euid ó mé,

ie suis en bonne diſpoſition,
Dieu en ſoit loüé.
Ie vous prie auſsi,
que me vueilliez
eſcrire reſponſe
par ce meſſager:
& ſçachez,
que ſi vous
auez affaire de moy,
ne m'eſpargnez pas,
en tout ce
qui me ſera poſsible
de faire pour vous.
Dieu demeure auec vous.

RESPONSE.

ROger mon bon amy,
i'ay reçeu
voſtre lettre
par laquelle
vous m'eſcriuez,

me à fo gaillart,
à trugarez Doué.
Me ó fuply iuez,
da difcriffa diff
refpount
gant an meffager man,
ha gouezit
mar ho péz affer,
achano me,
nam efpernnit quet,
ez quement
ha ma vezo poffibl diff
da ober euidoch.
Doué do miro.

RESPOVNT.

ROger ma mignoun cher,
receuet emmeus ho lizer
pe dre hiny
ez fcriffit diff
ma quaççen,

que ie vous enuoye
l'argent
que ie vous doy,
ce qui m'eſt
impoſsible
de faire maintenant:
mais ie le vous enuoyeray
tout au plus tard
dedans huit iours
ſans aucune faute:
car vn homme
qui me doit,
m'a promis
de me bailler de l'argent
lequel ie vous
enuoyeray,
n'en ayez
point de doute:
pourtant vueillez
ſi longuement
auoir patience:
& ne vueillez
eſtre courroucé
que ie vous ſay

deoch
archant
pere à dleaff deoch
ar pehiny
so impossibl diff
da ober breman:
hoguen me ó quaffo deoch
da pella oll
abarz eiz dez aman
ep saot erbet:
rac vn den
pehiny à dle diff,
en deueus prommettet
reiff archant diff
pere à quicçi,
deoch,
no bezet
douet erbet:
rac se oz bet
paciantet
ez queit se à amser:
ha na faschit quet
à palamour
maz gorteit

ſi longuement attendre:
car ſçachez de vray,
qu'il n'en peut eſtre
autrement.
Dieu vous doint paix
ſan fin.

Pour payer vne debte auec excuſe.

ROger mon bon amy,
ie me recommande
à voſtre bonne grace:
ie vous enuoye
par ce meſſager,
qui eſt mon frere,
les dix liures de gros
que ie vous doy,
vous remerciant,
qu'il vous a pleu
ſi longuement attendre:
il me deſplaiſt
que ie ne vous les ay

quert se:
rac gouezit certenamant,
nehel beza quen
autramant.
Doué do miro
ha do præseruo.

Euit paeo vn dle gant excusation.

O Ma mignoun Roger,
me en em recoummand
do gracçou mat:
hac à cacç deoch
gaut an meffager man,
pehiny eo ma breuzr,
an dec fiurr
perc à dleaff deoch,
hac ó trugarecat
ho veza pliget gueneoch
gortos queit se:
ceu ammeus
na meus gallet ho quacç

ſçeu pluſtoſt enuoyer:
i'ay toutefois
fait grand' diligence,
ſelon mon pouuoir,
mais l'argent eſt maintenant
ſi mal-aiſé à recouurer,
que c'eſt merueille.
Pourtant ne vueillez
eſtre mal content,
& me vueillez
r'enuoyer
l'obligation
que vous auez de moy:
Non plus.

LETTRE.

Pierre mon bon amy,
apres toutes
recommandations,
ſçachez que ie ſuis
fort mal content

quent deoch:
couls goude emmeus
great diligancç,
eruez ma gallout,
hoguen an archant aſo
quen dibaot breman,
ma eo maruaill.
Rac ſe na vezit
drouc countant,
ha digacçit diff
an obligation
pehiny och eus
voar no
Nettra quen.

LIZER.

Ezr ma mignoun,
goude pep recommendation,
gouezit ez ouff,
drouc countant
ach hanoch

de vous, à cauſe
que ne m'auez pas
voulu preſter
voſtre liure.
Ie ne puis penſer
comme ie
l'ay deſſeruy
enuers vous,
maintenant apperçoy-ie bien,
que vous feriez
bien peu pour moy,
quand vous me refuſez
ſi peu de choſe.
Vos parolles
& penſées
ne reſſemblent pas bien
l'vne à l'autre:
ſi vous
m'euſsiez requis
de choſes
de beaucoup plus grande
importance,
ie ne les vous euſſe
point refuſez.

à pala-

à palamour noch eus quet
deuruezet
preſtaff diff
ho leurr.
Certenamant ne gouffen quet
penaus em be
diſeruichet
diouzoch,
breman emmeus aznauezet,
er fat ne rach nemeus
a dra euidoff,
pa em reffuſit euit
quen neubeut ſe a dra.
Ho coumſou
hac ho ſoungeſounou
ne pligont bar diff
en ep fæcçoun:
ma ho biſe
goulennet diouziff
traou,
pere à viſe à braſſoch
importancç,
nem biſe quet
ho refuſet.

Q

Il est bien vray
ce qu'on dit communément:
On doit tousiours
esprouuer ses amis,
deuant qu'on en ait
affaire:
car les esprouuer
en la nécessité,
ce seroit trop tard.
Pourtant,
ce m'est assez
de vous auoir esprouué.

Vne conuention de louage de maison.

I'Ay Iean de Barlaimont
connois & confesse
auoir loüé
à Pierre Mareschal,
vne maison
située à Anuers
sur le marché.

Guyr eo , an pez
à lauarer communamant:
Bepret ez dleer
approuy an mignounez,
abarz cahout
affer outo:
rac ho approu
en necessité,
re diuezat vez.
Rac se,
ez eo assez diff
ho bez approuuet.

ME Ian Barlemount
ha ezneu hac à coffes
da veza fermet
da Pezr Mareschal,
vn ty , pehiny so
instituet en Anuers
en vn placç é quichen.

nommée le Lieure,
auec vne court
& vn puis,
le terme
de six ans,
entrant à Noel
prochain venant
en l'an
septante & cinq,
pour dix liures
dix solz
de Braban , par an,
à payer
chascun demy an,
cinq liures
cinq solz,
à condition
icy diuisée,
que chacun de nous deux
sera tenu renoncer
à la fin
des six ans
vn demy an deuant,
sans aucune fraude.

an seing an gat,
gant vn portz à dre
hac vn puncç,
euit
huech bloaz,
hac antren da Nedelec
quenta à deu
en bloaz
pemzec ha try vguent,
eguit dec liurr
dec guennec
à rent, pep bloaz:
da paea
pep anter bloaz,
pemp liurr
pemp guennec,
gant an condicion
diuiset aman,
dar fin pep hiny à hanomp
à vezo obliget da reiff countrat
deguill,
da pen an huech bloaz
vn anter bloaz quent,
ep troumperez erber.

Quitance de louage de maison.

I'Ay Iean le Grand
connois & confeſſe
auoir reçeu
de Pierre Mareſchal,
la ſomme
de cinq liures
cinq ſolz
de Braband,
pour vn demy an
de loüage de maiſon,
eſcheu à
Noel,
en l'an L X X V.
qu'il me deuoit
d'vne maiſon
ſituée à Anuers
ſur le marché,
nommée le Lieure,
laquelle il tient de moy.

Cuittancç à ferm vn ty.

ME Ian an Bras,
ha ezneu hac ha coffes
beza receuet
digant Pezr Mareschal
an soum
a pemp liurr
ha pemp guennec
a rent
euit vn anter bloaz
à ferm vn ty
escheu
da Nedelec,
en bloaz pemzec ha try vguent,
pere à dlyé diff
euit vn ty
instituet en Anuers
en vn placç é quichen
an saing ar Gat,
pehiny ty a delch dindano:

duquel demy an
ie me tiens
bien payé, & quitte
ledit Pierre
de cestuy,
& de tous autres
termes passez
iusqu'à maintenant,
En connoissance de ce,
i'ay icy dessous
mis mon signe manuel,
le premier iour
de Ianuier,

Vne obligation par payements.

I'Ay Iean de Barlaimont,
demeurant à Anuers,
connois & confesse
deuoir
à Hercules Mareschal,
marchand

pe à ves anter bloaz
ez aznauaff
beza paet mat , hac ez quittaff
à lauaret Pezr man
an euelhep man,
hac à ves an oll termenyou
all tremenet
bette breman.
En aznaoudeguez an dra man,
emmeus lecqueat aman
dindan ma fing
en quenta deiz
à Guenuer.

Vn obligation dre paeamant.

ME Ian Barlemount,
ho choum en Anuers,
ha ezneu hac ha coftes
dleout
da Hercules Marefchal,
marchadour

demeurant à Velaine,
ou au porteur de cette,
la somme
de trente liures
dix solz
six deniers,
monnoye de Flandres.
Et de cinq
draps d'Angleterre,
que i'ay achetez
& reçeus de luy:
desquels draps
ie me tiens
bien content.
Pourtant ie promets
de luy payer
ladite somme,
ou au porteur
de cette,
en trois payements:
à sçauoir
dix liures,
à la foire de la Pentecoste
d'Anuers

pehiny à choum é Valaine,
pe dan porteur ha eman,
ar foum
ha tregount liurr
dec guennec
huech dyner,
mouneiz Flandres.
Hac ez eo à pemp pez
meze Brofaos,
pere ammeus prenet
ha receuet digantaff
pe ha mezer
en em caffa
countant mat.
Rac fe ez promettaff
é paea
an heuelep foum,
pe dan porter
ha eman,
en teir paeamant:
da gonzout eo
dec liurr,
da foar Pantecoft
en Anuers

prochainement venante:
encore dix liures
à la foire saint Bauon;
& le reste
à la foire froide
de Bergues ensuyuant.
En certification de verité
i'ay icy, &c.

Obligation d'argent presté.

I'Ay Pierre le Grand
demeurant à Anuers,
connois & confesse
deuoir
à Iean Blancart,
ou au porteur de cette,
la somme
de quatre cents
liures de gros:
laquelle somme
il m'a prestée,

quentaff a deu:
ha hoaz dec liurr
da fouar sant Bauon:
hac ar reft
dan foar yen
 en Bergues voar lerch.
En certification à guiryonez
hac emmeus aman , &c.

Obligation à ves à archant præstet.

ME Pezr ar Bras
ó choum en Anuers,
ha ezneu hac à coffes
dleout
da Ian Blancart,
pe dan porter à emañ,
an foum
à peuar cant
liurr
pehiny foum:
en deueus preftet diff,

R

par grande amitié,
pourtant ie luy promets
de la luy rendre,
ou au porteur de ceste,
quand il luy plaira.
En cognoissance de ce
i'ay icy, &c.

Quittance.

IE Iean Blancart,
demeurant à Bruges,
cognoy & confesse
auoir receu
de Iean le Grand,
demeurant à Anuers,
la somme
de dix florins,
à vingt patars
la piece,
que ie luy
auois prestez,

dre carantez bras,
rac se ez promettaff
ho rentaff dezaff
pe dan porter à eman,
pa pligo gantaff.
en aznaoudeguez an drase
emmeus aman, &c.

Cuittance.

ME Ian Blancart,
oz choum é Bruges,
à ezneo hac à coffes
beza receuet guene
digant Ian an Bras,
pehiny à choum en Anuers,
an soum
à dec florin,
à vguent guennec
an pez,
pere an boa
prestet dezaff,

dequoy i'ay
perdu l'obligation,
laquelle estoit
du dixiesme iour
d'Auril, en l'an
septante & cinq:
de laquelle somme
& de tout' autre debte,
qu'il m'a
esté redeuable
iusques à maintenant,
ie me tien
bien recompensé,
& le quitte de tout.
En cognoissance
de mon signe manuel
icy dessous mis.

Suscriptions de lettres.

Des mots
suyuants,
l'on vsera
pour escrire au dos

pe à ves à hiny emmeus
collet an obligation,
pehiny à ioa scriffet
en decuetdeiz
à Ebrell , & bloaz
pemzec ha try vguent:
pe à ves hiny soum
hac à pep dle all oll,
à quement
à dlye diff
bette'n heur à breman,
me à esneu beza paet
ha recoumpanset mat
hac en ez cuittaff an oll.
En aznaoudeguez
à ves ma sing
lequeat aman indan.

An intitulou pe adressou à ves à lezerou.

An gueryou so
aman voar lerch,
so da veza vsitet
euit scriffa an adressou

                    R iii

d'vne lettre missiue:
mais il faut
prendre garde
qu'on attribue
à chacune personne
les mots
qui luy
appartienent.

Au sage,
tres-sage.
Honorable,
tres-honorable.
Discret,
tres-discret.
Honneste,
tres-honneste.
Singulier,
tres-singulier.
Noble,
tres-noble.
Puissant,

à lizeryou missiu:
hoguen ret eo
laquat euez
atrybui
da pep den,
an gueryou
à apparchant
outé.

Dan sauant,
an sauantaff.
Dan honorabl,
an honorablaff.
Dan discret,
an discretaff.
Dan honest,
an honestaff.
Dan singulyer,
an singulyeraff.
Dan nobl,
an noblaff.
Dan puissant

tres-Puissant.
A Illustre,
A tres-Illustre,

Icy commence

Le DEVX-IESME Liure.

LE PROLOGVE DV
deux-iesme Liure.

APres
auoir veu
au premier liure
les moyens
pour apprendre à parler
François,
Breton,

an Puiſſantaff.
dan Illuſtr
an Illuſtraff.

Aman ez coumancç.

AnEɪʟ Leur.

---

*A*N PROLOG *A* VES
an eil leur.

G Oude
Gbeza guelet
en quentaff leur
an fecçon
euit coumps
Gallec,
hac Brezonnec,

R v

par plusieurs
propos communs
seruans comme de patron.
Maintenant aurez
en ce second Liure,
plusieurs
mots vulgaires,
reduits
par ordre
de l'A, B, C, &c.
comme
estoffe,
pour former de vous mesmes
autres propos.
Parquoy quand vous
voudrez translater
quelques propos,
de François
en Breton,
n'auez autre chose
à faire
que considerer
par quelle lettre
le mot

dre cals
à propofou coummun
oz feruicha euel exemplou,
Breman ez cleuet
ebarz en eil leur,
cals à coumfou
coummun,
lecqueat
dre vrz
à Alphabet
euel matery
da firmy
à hanoch ochunan
propofou all.
Rac fe pa falfe
deoch tranflaty
vn propos bennac,
à Gallec
en Brezonec,
no bezo qu'en trã
da ober
nemet confidery
pe dre lizeren
ez coummanco

commence,
que voudrez trouuer,
puis apres le cercher
de mot à mot.
Et quand vous
aurez trouué
lesdits mots,
les pourrez conioindre,
& mettre par ordre,
comme vous auez veu
au premier liure.
Mais pour
les bien conioindre,
sera necessaire
sçauoir
la maniere
de varier les verbes
en plusieurs temps,
& personnes:
à sçauoir
par coniugaisons,
lesquelles,
pour vostre profit,
mettons en lumiere.

an guer,
pehiny à clefquet,
goude fe é clafq
a guer en guer
ha pa ho bezo
quaffet
an gueryoufe,
é chellot ó affambly
hac ó lacquat dre vrz
euel ma ozeus guelet
en leur quentaff.
Hoguen eguit ó affambly
en mat : ez vezo neceffar deoch
gouzout,
an fecçon
da feing an verbou
dre diuers amferyou,
ha perfounyou:
da gouzout eo
dre coniuguefonnou,
pere,
euit ho profit,
a lacquaimp
en goulou.

FRANCOIS.	BRETON.
ABandóner, delaisser	†**A**Bádouniff, dilesell
abaisser	yselchat
abstenir	abstinaff
àbayer	crial
à Bruges	da Bruges
accoller	ambrasiff
accommoder	accommodiff
accoustumer	accoustumiff
accroire	cridiff
acheter	prenaff
acquerir	acquisitaff.
adiourner	aiournaff, prouocaff
adorer	adoriff
adoucir	douzcat
aduantage	auantaig
aduenir	donet
à eux	dezo y
à faire	da ober

FRANÇOIS	BRETON
agenoüiller	daouglinaff
agraffe,	boucle, croc,
	bacc
aigneau	oen
aigu	lem
ainſi	euelhen
allecter	lezaff
aller	monet
aloſe	alouſe
allumer	allumiff
amener	cacc
à menger	da dibriff
amy	mignoun
amyable	amyabl
amyablement	amyablamant
à midy	creiſdeiz
amitié	amyabledet
amollir	gouachat
amour	carantez
an	bloaz
aneantir	neantaff
Angleterre	Broſaos *Sex-land.*
Anglois	Saos *Saxons.*
Annette	Houat

FRANCOIS	BRETON
annoncer	anonciff
appaiser	appesiff
appareiller	appareillaff
appartenir	apparchantaff
appeller	gueruel
apporter	digacç
apprendre	difquiff
appriuoiser	doagat
appriuoisé	dochat
approcher	toftahat
à qui eft celà?	pe da piou eo ennez?
à quoy	pe da fin
armer	armaff
Armurier	Armurier
arondelle	guimmily
arrouſer	arrouſiff
aſſembler	aſſembliff
aſsieger	aſsiegaff
aſſurer	aſſuriff
aſne, aſneſſe	aſen, aſennes
attendre	gortos
à tout quoy	pe da dra
auarice	auaricç

<table>
<tr><td>FRANCOIS.</td><td>BRETON.</td></tr>
<tr><td>auaricieux</td><td>auaricjeus</td></tr>
<tr><td>auancer</td><td>auanciff</td></tr>
<tr><td>aucun</td><td>vnan, bennac</td></tr>
<tr><td>aucunefois</td><td>agueziou</td></tr>
<tr><td>aucuns</td><td>vnden bennac</td></tr>
<tr><td>auiser</td><td>auisaff</td></tr>
<tr><td>auoir</td><td>cahout</td></tr>
<tr><td>auoir pitié</td><td>cahout truez</td></tr>
<tr><td>auoir soin</td><td>sourcyall</td></tr>
<tr><td>auoir sommeil</td><td>desiraff   cous-</td></tr>
<tr><td>autre</td><td>yn all   (quet</td></tr>
<tr><td>au vespro.</td><td>da gousperou.</td></tr>
</table>

B

<table>
<tr><td>BAigné</td><td>GLibyaff</td></tr>
<tr><td>baptiser</td><td>badeziff</td></tr>
<tr><td>bas</td><td>ysell</td></tr>
<tr><td>baston</td><td>baz</td></tr>
<tr><td>battre</td><td>squeiff, dorniff</td></tr>
<tr><td>beau</td><td>caer</td></tr>
<tr><td>beauté</td><td>quenet</td></tr>
<tr><td>bellement</td><td>couant</td></tr>
</table>

FRANCOIS.	BRETON.
benir	binizien
bercer	lufquet
bien	mat
bien tempre, matin	mintin, mintin mat
blanc	guen
blanchir	guenaff
bled	eth
blesser	blessaff
boire	euaff
boiteux	cam
bon	mat
bonté	madelez
boucherie	quiqueres
boüillir	viruiff
boutique	bouticl
brebis	deuet
brider	bridaff
faire broüillars	brouillardaff
brocher.	ber.

C	✝ C
Acher	Vzhet
caille	coaill
calice	calizr
canelle	canell
caqueter	caquetaff
Cardinal	Cardinall
caresser	maneaff douc
	çamant
carreau	quarre
car	bacc
caue	caff
ceindre	guèrisaff
celier	celyer
cent	cant
cerises	queresen
chair dure	quic calet
chambr	chambr
chandelle	goulaouen
changer	faing
Chanoine	Chalouny

FRANCOIS.	BRETON.
chanter	quiniat, caner
chapitre	chabistr
chapellain	chapalan
chapelle	chapel
charger	cargaff
chasser hors	chasseall
chasser	hemolch
chasseur	gumherz, emolcher
chastier	castissaff
chaudeau	aualamant
chauffer	tomaff
chaussons	couffignounou
chausses	haotou, pe lez march (rou
cheual	
cheuaucher	marcheguez
cheueux	bleau
chiche	sich
chicheté	pezouniff
choisir	choasaff
cygne	cyng
cinq	pemp
cinquante	antercant
cire	coar

FRANCOIS.	BRETON.
Cité	Cité, Bro
clocher	cammaff
cloche	cloch
clou	taich
clouër	taichaff
coller	collaff
commander	commandiff
commencer	coummanç
comment estre	penaux eo
commun	commun
comparer	comparachiff
competer	goulen en me- mes tra
complaire	pligout
comter	countaff
conceuoir	conceuaff
confesser	coffes
conforter	counfortiff
connoistre	aznaout
conquerir	heul
conseiller	reiff cusul
consentir	consantiff
constance	fermder
constant	constant, ferm

FRANCOIS.	BRETON.
contre	enep
conuoyer	côuiaff, monet assamblés
cordonnier	querer
corriger	corrigaff
coudée	quiuilnat
coudre	gryat
couleuure	aezer
courrir	redec
courroucé	buaneguez
estre courroucé	buanecat
courtier	courrautier, depositer
courtoisie	courtesy
courtois	courtes
couster	coustaff
cousteau	coustell
cousturier	quemener
coutil	golchet
couurir	goleiff
cracher	cranchat
creuer	brammet, froesaff, trousal
creu	cleus

FRANCOIS.	BRETON.
crier	crial
eueiller	loa
cueillir	cutuill
cuider	istimout
cuisinier	quiguiner
cuisiner.	poazat.

D

D Anser	✝ D Ansall
debónaire	debouner
deceindre	digourisaff
declarer	discleriaff
decoller	dipennaff
deffaire	disober
deffendre	diffen
deffier	paea an oll
degré	degré
dehors	enmeas
demander	goulen
demener	digacç
demeurer	chom
demy	anter

FRANÇOIS.	BRETON.
de nuit	en nos
dents	dent
depuis hier	a bavoue deach
descendre	disquen
descharger	disquargaff
deschirer	rouegaff
descloüer	ditachaff
descouurir	disolo
desheriter	deseritaff
desir	cheant, desir
desirer	desiraff
desiuner	yun
despendre	disping
desrober	dirobaff
deuestir	diuisquaff
destacher	distagaff
destouper	diuandanaff
destruire	distrugaff
deuant vous	diraz-och euch.
deuenir obscur	teualhat
deuoir	dleout
d'où estes-vous?	pé a leach ouch hu?
Dimanche	Dizçul

diligence

<table>
<thead>
<tr><th>FRANCOIS.</th><th>BRETON.</th></tr>
</thead>
<tbody>
<tr><td>diligence</td><td>diligancç</td></tr>
<tr><td>diligent</td><td>diligant</td></tr>
<tr><td>difner</td><td>leinaff</td></tr>
<tr><td>diftiler</td><td>diftilaff</td></tr>
<tr><td>dix</td><td>dec</td></tr>
<tr><td>donner</td><td>reiff</td></tr>
<tr><td>dorer</td><td>alouriff</td></tr>
<tr><td>dormir</td><td>coufquet</td></tr>
<tr><td>doucement</td><td>douçamant</td></tr>
<tr><td>doux</td><td>doucç</td></tr>
<tr><td>douze</td><td>daouzec</td></tr>
<tr><td>drap</td><td>mezer</td></tr>
<tr><td>drap efpais</td><td>mezer teo</td></tr>
<tr><td>dreffer</td><td>dreffaff</td></tr>
<tr><td>du</td><td>a ves</td></tr>
<tr><td>Duc</td><td>Duc, Capitan</td></tr>
<tr><td>Ducheffe</td><td>Duches</td></tr>
<tr><td>dur</td><td>calet</td></tr>
<tr><td>curer</td><td>daledaff</td></tr>
<tr><td>dureté.</td><td>caleter.</td></tr>
</tbody>
</table>

E	†
Eau	**D**our
Edifier	Dedifiaff
Eglise	Ilys
elle	hy
emballer	tortillaff, d'aſtû
Empereur	Empereus
empirer	gouazhat
emplir	cargaff
employer	impligaff
empoigner	empouiniff
emprunter	ampreſtiff
en	ebarz
encre	lyou
endurer	anduriff
enfanter	guenel
enfler	âſliff, couenuaſſ
enfondrer	affoundriff
engeler	angeliff
enquerir	enclaſq
enrager	arragiff

FRANCOIS.	BRETON.
entamer	entammiff
entendre	entend
enterrer	febellyaff, en-
entonnoir	trezer (terriff
entreprendre	antrepreniff
enuie	auy
enuieux	auieus
enuironner	anuirouniff
enuoyer	cacç
eschaper	aschap
eschaffe	flachou
Escheuin	Schuin, Sena-
eschelle	fceul (tor
escole	fcol
escouter	cleuet
escouteur	hezlaoueur
escrinier, Me-	munuſer
nuifier	
escritoire	feritolyou
Escriuain	Scriffanier
escumer	eonnennaff
esgarer	faziaff, voar an
	hent
esguillette	acuilleten

FRANCOIS	BRETON.
esguillle	vn nados
esguiere	pot goualcher dour
esguiser	lammaff
espargner	bezaff, espern
espaule	scoaz
espeller	degueich
esperer	esperiff
espier	espiaff
espaisseur	teoder
estable	craou
estain	stean
esternuer	streuyaff
estoupoir	stouffaff
estoupe	stouff
estrangler	estrangliff
estrain, paille	colo
estre	bezaff
estreindre	stardaff
essayer, esprouuer	essaff, approuuaff
essuyer	sechaff
esueiller.	dyunaff.

F	†
FAcherie	FAschaff
façon	fecçon
faire apparoir	discuez
faire bruit	ober brut
faire entendre	reiff da entent
faire sçauoir	reiff da gou-
	faziaff (zout
faillir	ober
faire	naouen
fain	fanch
fange	fardel
fardeau	fazy
faute	gruec
femme	gruec mat
femme de bien	gruec quent
femme iolie	gruec bras
femme grande	gruec bihan
femme petite	faoutaff
fendre	peneſtr
feneſtre	fanouill
fenoüil	dimeziff.
fiancer.	

FRANCIOS	BRETON
fier	fifiaff
filer	neffaff
fin	fin
fineffe	fineffaff
finir	finiffaff
fleurir	fleuriffaff
foible	fal, debil, fembl
foibleffe	filidiguez
fol	fol, difquient
folie, fotife	follentez, fottis
follement	follamant
fondre	teuziff
force	nerz
forme	furm
forfaire	droucober
fort	creff
forcer	forçaff
fourage	fourraich
fraifes	frefennou
frefne	ounen
friandife	friantis
frire	yenaff
froid	yen
front	tall
frotter	frotaff

fruit. | frouez.

G | †

FRANCOIS	BRETON
GAigner	Gounit
gáine	couchin
galler	gallaff
galleux	galus
gaster	corrumpiff, fcuillaff
geler	reuiff
germer	queinaff
glace	fcorn, fclace
gland	mezen
gorge	gourous
gouuerner	gouarn
guerir	yachat
guerroyer	brezelechat
grandeur	brafder
grenoüille	ran
grefle	grifillaff
groifelles	grofelles, fpezat
groffe femme	gruec teo

H	†
HAbiller	**H**Abillaff, ausaff
habile	habill
hair	caſſahat
hardy	hardiz
hardieſſe	hardizdet
hardiment	enthardiz
hauteur	vhelder
heritier	heritaff
heure	eur
heurter	heurtaff
homme gros	den teo
homme de bien	den honeſt
homme court	den berz
homme ioly	den couant
homme petit	den bihan
homme grand	den bras
hontir	mezecat
hoſte	hoſtys
hoſteſſe	hoſtyſes
hyuer.	gouaff.

I	†
IAmbon	**I**Amboun
Ianuier	Guenuer
ietter	ftrincaff
ieune	iaouanc
ieuneffe	iaouantez
ieufner	yun
ieu	hoary
il eft icy	emma aman
Imperatrice	Impalaezres
imprimer	imprimaff
incontinent	breman
inuiter	inuitaff
inuoquer	inuoquiff
ioye	yoa
ioyeux	yous
ioindre	affambliff
ioüer	hoariff
ioüer au dez	hoary ā dicçou
ioüer aux cartes	hoary an cartou
ioües	dyuoch
iour	deiz

FRANCOIS.	BRETON.
iournellement	bemdeiz
iuger, códáner	barn, condány
Iuif	Iuzeau
Iuin	Mezeuen
iufques.	bette.

L   †

LAbourer	**L**Abourat
laid	diffeççoun
laiffer	lefell
l'ame	glan
langue	teaut
las	feuiz
laffeté	fcuifder
laffer	fcuifaff
la peau	an crochen
lauer	goualchiff
l'autre	eguille
leçon	quentell
le feu	an tan
leger	liger
les morts	ah re maro
lequel	pehyni

FRANCOIS.	BRETON.
leuer	feuell
leuer haut	feuell vhell
liberalité	larguentez
liberal	liberal
lier	heren
limaſſon	preueden
linceux	lyncelyou
liurer	liuraff
loger	logaff
loyal	fidel
loyauté	fidelité
loin	pell
long	hir
loüer	meuliff
loup	bleiz
luy	y
luyre	fcleriaff
Lundy.	Dilun.

M

Ｍᴬy
maigre
malade

Ｍᴬe
treut
claff

FRANCOIS	BRETON
maladie	clenüet
malice	malics
manifester	manifestiff
mander	gourchemen
manteau	mantell
maree	marr
marcher	chachat
marche-pied	marchepié
marchand	marchadour
marchandise	marchadourez
mareschal	mareschall
marier	dimizit, pryeta-hat
mariage	pryedelez
marinier	lestr, bac
Mars	Meurz
masson	mazçon
massonner	mazçonat
mauuais	drouc
mauuaisement	dre drouc
medeciner	medecinaff
mener	cacç
menger	dibriff
Menestrier	Chœaryer
menton	grouinch

menacer

FRANCOIS.	BRETON.
menacer	gourdrous
mentir	lauaret gaou
Mercredy	Demercher
merueille	maruaill
merueilleux	maruaillas
merueilleuse-	maruailluza-
ment	mant
mesfaire	dilesell
mesme	memes
mesurer	mesuriff
mesler	mesquiff
mettre en ordre	lacquat en vez
miroir	mellezour
mocquer	goappat
moitié	an anter
moyen	mediocr
moy	me
moisir	lourdaff
mol	gouach
monter	pynnat
mon, ma	diff, ma hyni
monnoye	mouneiz
Monnoyeur	Mouneizier
monstrer, faire	apparisatt, dis-
paroistre	cuez

T

BRETON	FRANCOIS
montée	derez
mort	maro
morueux	mechyec
mordre	creguy
moudre	malaff
moüiller	glibiaff
mourir	meruell
moucher	chuesaff an fry
moulin à vent	milin auel
moulin à eau	milin dour
muet	mut
murmurer.	murmuraff.

N

BRETON	FRANCOIS
Nauire	Neff
neige	Nerch
nenny, non	salu o gracç
n'estoit celà	ne voaquet an drase
net	pur, neat
nettement	nettamant
nettoyer	nettahat
noble	nobl

FRANCOIS.	BRETON.
noblesse	noblrez
noyer	beuziff
noir	du
nom	hano
nombril	beguel
nommer	henuell
non est	n'en deo quet
noüer	coulmaff
nous	ny
nouueau	neuez
nud	noaz
nuës	couabr
nuict	nos
nully	n'en deo bet, nigun
nourrir	mezur
nourrice.	magueres.

O

O	†
Octanté	PEuar vguent
œuf	vy
offencer	offancçiff
oindre	qingnamantiff

T ii

| FRANCOIS. | BRETON. |

FRANCOIS.	BRETON.
oyseau	ezn la boucç
oyselet	la bouçcic
ongle	iuin
ord	hudur
ordement	hudunez
orgueil	orgouill
orgueilleux	orguillus
oser	hardizhat
oster	lammet, femell
oublier	ancouenechat
où	pelech
où allez-vous?	pe da lech ez hit-hu?
oüir	fezlou
ouurir.	dygueriff.

P   †

PAin dur	**B**Ara calet
pair	egal
paiſtre	peuriſſ
paix	peoch
Pape	Pap
papier	paper

FRANÇOIS	BRETON
par icy	dre aman
pardonner	pardouniff
parenté	querent
paresse	dieguy
par là	eff
parer	orniff
parler	prezec
paresseux	diegus
partir	diuidaff, dispar-tir
passer outre	tremen ebars
pasture	pasquadur
Pasques	Pasq
pasté	pastez
patroüiller	countroliaff
pauer	paueaff
pauureté	paurentez
peché	pechet
pecher	pechiff
peigne	crib
peigner	cribat
peindre	peintaff
peller	quynnat, diblu-crougaff (squaff
pendre	soungaff
penser	

FRANCOIS	BRETON
pere	tat
percer	toullaff
permettre	permettiff
pesant	pouner
pesanteur	pounneder, pouesediguez
pescher	pesquetaff
peser	poisaff
pierre	mean
pie	pic
pied	troad
piece	pez
pied-sente	gueznodin
piller	pillat
pincer	piçat
pisser	staotet
plaindre	clam
plaisir	plesir
plaider	breuthat, plediff
place	leach
planter	plantaff
plat	plat
plein	leun
pleinement	ezleun

FRANCIOS.	BRETON.
pleurer	gonelaff
ployer	plegaff
point, rien	netra
poisson	pesq
porter bas	douguen yfel
porée	pour
porter	douguen
poser	pauffaff
poudre	pouldr
poullet	yar
pourmener	pourmeniff
pourquoy?	perac?
poure	paour
pourceau	houch
pour combien?	peeuit quemét?
pour quelque cause	pe euit tra
pourement	pauramant
pourpoint	porpant
pousser	pouffaff, bou-taff
pourrir	breynaff
precieux	precieus
prendre guarde	lacquat euez
presenter	prefantiff

FRANCOIS.	BRETON.
preuoir	guelet dirac
prescher	farmon
prier	pidiff
priser	prisaff
prison	prisoun
profond	profond
profondeur	profondité
prononcer	prononçiff
promettre	promettia
prosperer	prosperiff
puantise	fler
publier	publiaff
puce	chouanen
puer	fleriaff
puiser	punççaff
punir	punissaff
purger	purgaff
Purgatoire.	Purgatoer.

Q Vand, quãd vous quartier   PA, peur, da cours quarter

FRANCOIS.	BRETON.
quatre	peuar
quarré	quarre
que	petra
queüe	loſt
quelle choſe ?	pebez tra?
quenoüille	queiguel
querir	cla'q
qui	piou
quitter.	quittaſſ.

R	†
RAcine	**G**Rizieu
Raire, raſer	**G**raſaff
ramer	roueuat
receuoir	receø
recueillir	daſtum
recommander	recommandiſſ
reciner	merennaff
rechigner	rechinaff
refaire	ober adarrè
refuſer	reffus
regarder	ſellet
regner	regnaff

FRANCOIS.	BRETON.
rendre	rentaff
rencontrer	rancontriff
remuer	remuy
reprocher	reprochaff
repentir	cahout ceuz
reposer	repos
reprendre	cómeret adarre
resuer	huzreal
respandre	scuillaff
resister	resistaff
rester	restaff
respondre	respount
retenir	derchel
richesses	pinuidiguez
richement	opulant
rire	chuerzin
robe	sea
Roy	Roué
Royne	Rouanes
roide	souden
roidement	reudamant
rompre	toriff
rossignol	eaustic
rougir	ruziaff
rüe.	ru.

S	†
Sablon	G Rouan
Sac	G fach
faffran	fattron
fagement	dre prudencç
fage	fauát, gouizieg
fageffe	gouizieguez
fain	yach
faint	fant
falade	faladen
falle	fall
faler	fallaff
faliere	faliner
falüer	faludiff
Samedy	Defadorn
fans vous	ep foch-hu?
faulfiffe	filfic
fauourer	taffa, fauouriff
fauter	lammet
faumon	faomoun
fauuage	fauaich
fçauoir	gouzout

FRANCOIS.	BRETON.
science	squient
seau	seell
Secretain	Sacrist
Seigneur	Autrou, Gouuarneur
seigner	gouadaff
seeller	sielaff
sel	olen
selle	dibr
semblant	seblant
semer	ada
semence	hat
sembler	euelhout
se mirer	en an sellet
Semaine	Syzun
sentir	chuezhat
seruiette	seruiet
serrurier	alchuezer
seruir	seruichaff
sier	esquennat
si est	eo sur certen
siege	sichen
signer	sinaff
singe	mounica
succer	sunaff

FRANCOIS.	BRETON.
ſoigneux	ſourcy
ſoin	ſoignus
Soleil	Eaul
ſonger	ſongall
ſonner	ſoun
ſon, ſa ſon	he, e hiny
ſoufler	chuezaff
ſouſmettre	laquat ayudan
ſouſpirer	ſouſpiraff
ſourd	bouzar
ſuccre	ſucr
ſuyure	heul
ſur, aigre.	egrhat.

T

TAble	**T**Aol
tacher, ſoü-iller	ſouillaff
tainturier	liuer
tailler	taillaff
taire	teuell
taille	coat, taill
tarte	tateſen

FRANCOIS.	BRETON.
taster, manier	tastounaff, maniaff
teindre	liuaff
tempes	temptiff
temps	amser
tendre	gouacat
tenailles	turques
tenir grauité	derchel grauité
tencer, quereller	scãdallaff, querelliff
terme	termen
terre	douar
tesmoigner	testifiaff
teste	pen
tisserran	goueaff
tirer	tennaff
tirer hors	tennaff en meas
tistre	gueaff
ton, ta, tes	ho, da
tonnelier	tonneller
tonner	curun
tordre	nezaff, viguidé
torche	torch
toucher	touchaff
toupier , tour-	treiff

FRANCOIS.	BRETON
ner	tour
tour	benden
tourbes	gunynez
tourment	bepret
touſiours	paſahat
touſſir	e pat an deiz
toute la iournée	Oll-galoudec
Tout-puiſſant	tramaſſ
tramer	labourat
trauailler	crenaſſ
trembler	trouchaſſ
trencher	trenchouer
trenchoir	re-mat
tres-bon	lazaſſ
trier	triſt
triſte	vn opinion triſt
triſtement	deçeu, trompaſſ
tromper	re
trop	trouliſſ
troubler	te, di, de
tu, toy, te	teolennou.
tuyles.	

V	(:)
Vaillant	**V**Aillant
vaillamment	vaillammant
vaillantiſe,	vaillantis
vain	neant, væn

FRANÇOIS.	BRETON.
vaine gloire	vana gloar
vaincre	fefiff
vanité	vanité
vanter	en em euantiff
variable	variabl
vefue	intaues
veiller	dihunaff
velours	voulous
venger	vengeaff
venter	guental, aueliff
vent	auel
venir	donet
Vendredy	Derguener
ver	preo
verfer	dinaouiff
veftir	guifquaff
vif-argent	vlu-argant
vigne	guymen
vilenie	vileny
vingt	vguent
vin	guyn
vifiter	vififtaff
viure	beuaff
vnir	plerahat
voyla	chetu va fe
voyage	biagiff
voicy	chetu aman
voir	guelet
voix.	mouez.
F I N.	A R F I N·
	S'ENSVIVENT

S'ENSVYVENT les Coniugaisons.

La Coniugaison du verbe, Auoir,

l'Indicatif.

I'ay
tu as
il a.
   Nous auons
vous auez
ils ont.
   I'auoys
tu auois
il auoit,
   nous auions
vous auiez
ils auoyent.
   I'ay eu

AMAN EL DELROV
an coniuguæſonou.

Coniugæſoun an verb, cahout,

An indicatiff.

ME à meus
te à eus
eſt en deus.
  Ny hon eus
huy ho heus
y ho deues.
  Memboa
re a boa
eſ en deſuoa,
  ny hon boa
huy ho boa
y ho deſuoa.
  Me meus bet

tu as eu
il a eu,
 nous auons eu
vous auez eu
ils ont eu.
 I'auray
tu auras
il aura,
 nous aurons
vous aurez
ils auront.

La maniere de commander.

Aye
qu'il ayt,
 ayons
ayez
qu'ils ayent.

La maniere de deſirer.

O ſi i'euſſe
O ſi tu euſſes

te ha heus bet
ef en deues bet,
  ny hon heus bet
huy ho heus bet
y ho deues bet.
  Me am bezo
te à bezo
ef en deuezo,
  ny hon bezo
huy ho bezo
y ho deuezo.

Ar facçoun da commandy.

  Te da bezet
ef en deuezet,
  ny hon bet
huy ho bet
y ho deuez ent.

Ar facçoun da houantahat.

  A youll em be
te ha be

ô s'il euſt,

ô ſi nous euſſions
ô ſi vous euſsiez
ô s'ils euſſent.

l'auroys
tu aurois
il auroit,

nous aurions
vous auriez
ils auroyent.

Coniunctiuus modus.

Que i'aye
que tu ayes
qu'il ayt
que nous ayons
que vous ayez
qu'ils ayent.

En cas que i'aye
en cas que tu ayes
en cas qu'il ayt,
en cas que nous ayons
en cas que vous ayez

ef en defue,
  à youll ny hon be
huy ho be
y ho defue.
  A youll me am bife
ze ha bife,
ef en deuife,
  à youll ny hon bife
huy ho bife
y ho deuife.

An conionctiff mod.

  Pa em be
pa ez be
pa en defue
pa hon be
pa ho be
ha ho defue.
  Mar em bez
ze mar ez bez
ef mar en defuez,
  ny mar hon bez
huy mar ho bez

en cas qu'ils ayent.

 l'ay eu
j'auois eu
j'auray eu
i'euſſe eu.

   Infinitiuus modus.

 Pour auoir
d'auoir
ayant.

  La Coniugaiſon du verbe Eſtre.

 Ie ſuis
tu es
il eſt,
 nous ſommes
vous eſtes
ils ſont.
 I'eſtois
tu eſtois
il eſtoit,
 nous eſtions

y marho desuez.
Pa emmeus bet
memboa bet
pa em bezo bet
pa emoa bet.

An infinitiff.

Euit cahout
da cahout
ó cahout:

Coniuguæsoun an verb Sum.

Me so
te so
ef so,
ny so
huy so
y so.
Me avé
te a ve
ef a ve,
ny a ve

A v

vous eſtiez
ils eſtoyent.

I'ay eſté
tu as eſté
il a eſté,

nous auons eſté
vous auez eſté
ils ont eſté.

Ie ſeray
tu ſeras
il ſera.

Nous ſerons
vous ſerez
ils ſeront.

Imperatiuus modus.

Sois
qu'il ſoit,
ſoyons
ſoyez
qu'ils ſoyent.

huy a ve
y a ve.
    Me a voue
te a voue
ef a voue,
    ny a voue
huy a voue
y a voue.
    Me a vefo
te a vezo
ef a vezo.
    Ny a vezo
huy a vezo
y a vezo.

An imperatiff.

    Te bez
ef bezet,
    ny bezomp
huy bezit
y bezent.

Optatiuus modus.

Que ie fois
que tu fois
qu'il foit,
 que nous foyons
que vous foyez
qu'ils foyent.
 Si ie fuffe
fi tu fuffes
s'il fuft,
 fi nous fufsions
fi vous fufsiez
s'ils fuffent.

Coniunctiuus modus.

Veu que ie fuis
que tu fois
qu'il foit,
 que nous foyons
que vouz foyez
qu'ils foyent.
 Combien que ie fois
que tu fois
qu'il foit,

An optatiff.

A youll ez ven
ez ves
ez ve,
  a youll ez vemp
ez vech
ez vent.
  A youll ez viſen
ez viſes
ez viſe,
  A youll ez viſemp
ez viſech
ez viſent.

An coniontiff mod.

Pan ven
pan ves
pan ve,
  pan viouf
pan viſes
pan viſe.
  Pan ven
pan ves
pan ve.

que nous foyons
que vous foyez
qu'ils foyent.

Infinitiuus modus.

Eftre.
auoir eflé.
eftant.

FIN

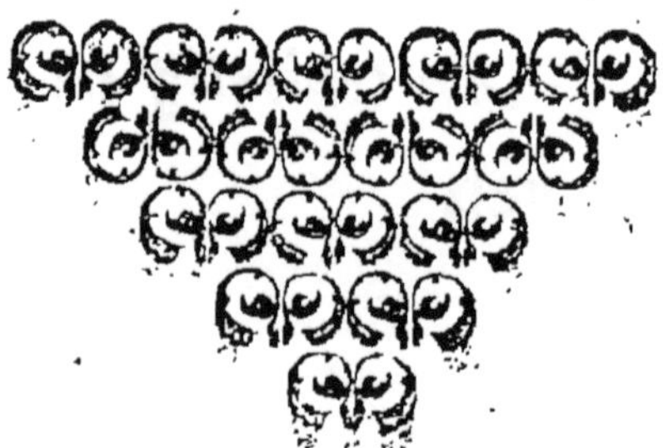

pan viſemp
pan viſech
pan viſent.

An infinitiſf.

Bezaſ.
bezet, bezaff bet.
bezaf.

F I N.

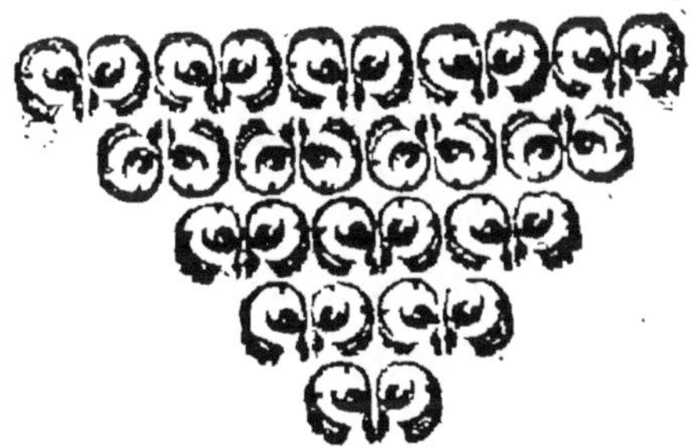

S'ENSVYVENT
quelques Prieres & Oraisons.

L'ORAISON DE NOSTRE
Seigneur Iesus-Christ.

Nostre Pere qui es és Cieux.
Ton Nom soit sanctifié.
Ton Royaume nous aduienne.
Ta volonté soit faite en la terre
comme au Ciel.
Donne nous auiourd'huy nostre
pain quotidien.
Et nous pardonne nos offences
comme nous pardonnons à ceux
qui nous ont offencez.
Et ne nous induis point en tétatió.
Mais deliure nous du mal.

AMAN EZ DEZROV,

vr rum Pedennou hac
Oræsonnou.

DRÆSOVN D'ON
Saluer Iesus - Chriſt.

HOn Tat pehiny ſo en Euffaou,
Hoz hano da vet ſantifiet.
Deuet deomp ho Rouantelez.
Ho volontez bezet gret , euel en
Euff hac en douar.
Roit deóp hizieu hó bara quotidié.
Ha pardonet deomp hon offanſou,
euel ma pardonom da nep en de-
ues ny offanſet.
Ha na permetet quet ez couezem
en tentation.
Hogué hó deliuret à pechet, Amé.

LES ARTICLES DE LA
foy Chrestienne.

1. IE croy en Dieu le Pere tout-puissant Createur du Ciel & de la terre.

2. Et en Iesus-Christ son Fils vnique nostre Seigneur.

3. Qui a esté conçeu du S. Esprit, né de la Vierge Marie.

4. A souffert sous Ponce-Pilate, a esté crucifié, mort, & enseuely.

5. Est descendu aux Enfers, le tiers iour est resuscité de mort à vie

6. Il est monté aux Cieux, est assis à la dextre de Dieu le Pere tout-puissant.

7. De là, viendra iuger les viuans & les morts.

8. Ie croy au S. Esprit.

9. La sainte Eglise Catholique, la Communion des Saints.

10. La remission des pechez.

11. La resurrection de la chair.

12. La vie éternelle. Ainsi soit-il.

AN ARTICLOV A VEZ

an Feiz Christen.

1. ME cret en Doue an Tat oll galloudec , Crouer dan Euff ha dan Douar.

2. Hac en Iesus-Christ é Map ynic hon Autrou beniguet.

3. Pehiny a voué conceuet ves an Speret S.ganetves ã Guerches Maria

4. En deues gouzauet didan Pócc Pilat, bezet crucifiet, maru, hac an feueliet.

5. Sobet difquénet dã Ifern aou, ha refucitet ã trede dez a maro dabeu

6. So pignet en Euff hac a fezet an tu dehaou de Tat oll galloudec.

7. Ahane ez duy da barn an re beu han re maru.

8. Me cret en Speret Sant.

9. Hac en Ilis Catholic, ha Communion an Sent.

10 Remiffion an pechedou.

11. Refurrection an quic.

12. An buhez æternel. Amen.

Les dix Commandemens de Dieu.
Exod. 20.

1. VN seul Dieu tu adoreras,
    Et aymeras parfaitement.
2.   Dieu en vain ne iureras,
Ne autre chose pareillement.
3.   Les Dimanches tu garderas,
En seruant Dieu deuotement.
4.   Pere & mere honoreras,
A fin que viues longuement.
5.   Homicide point ne seras,
De fait, ne volontairement.
6.   Luxurieux point ne seras
De corps, ne de consentement.
7.   L'auoir d'autruy tu n'ébleras,
Ne retiendras à ton escient.
8.   Faux tesmoignage ne diras,
Ne mentiras aucunement.
9.   L'œuure de chair ne desireras
Qu'en mariage seulement.
10. Les biés d'autruy ne cóuoiteras,
Pour les auoir iniustement.

Dec Gourchemen Doué. Exod. 20.

1. EN vn Doué parfet ez credy,
   Hac à meuly hep muy quen.
2. Dré' hano à nezaff ne touy quet,
Didan poan pep lech à pechet,
3. An fulyaou, hac á gouelyaou din,
A obferuy quer anterin.
4. Enor da tat, da má, he bout fell,
Dre charantez ficoury hac ez beuy,
pell.
5. Muntrer yuez ne vizy quet,
A volontez nac à effet.
6. Luxurius mir na vizy,
A effet naca defir muy.
7. Laez rez, na miret madoau den,
Hep é volontez, na gra quen.
8. Nac à enep den fals tefteny,
Gaou en lech guir ne liuiri.
9 Na defir eur an quic bizuiquen,
Nemet gand priet bep muy quen.
10. Madaou hentez na fouhet tam,
Do miret flam iniuftamant.

Commandemens de l'Eglise.

1. **L**Es Festes tu sanctifieras,
Qui te sont de commande-
ment.

2.   Les Dimanches Messe oyras,
Et Festes de commandement.

3.   Tous tes pechez confesseras,
A tout le moins vne fois l'an.

4.   Et ton Createur receueras,
Au moins à Pasques humblement.

5.   Quatre temps , Vigiles ieus-
neras.
Et le Caresme entierement.

6.   Vendredy chair ne mangeras,
Ny le Samedy mesmement.

PRIERE POVR DIRE AV
matin en se leuant.

NOstre bon Dieu , pere & Sauueur, puis qu'il t'a pleu nous

Gourchemennou an Ilis.

1. C Leuet dan sulyaou , han
Goueliaoudin.
Offeren sclær, hac anterin,
2. An Goueliaou dit Gourchemēnet
Sell noterry ha mir y net.
3. Vn guez ē bloaz, ma na gruez qué
Confes da fotaou en laouen.
4. Da Pasq quemer Saluer an bet
Hep remors a bech na pechet.
5. An Daouzec diziou Vigilo'vn
Sent.
Sell no terry ha miry quent
Han Choarais ma nen gruez quent
Pan vizy vn bloaz voar miguent.
6. Da guener gand sy ne dibry
Quic, na da Sadorn ne gry muy.

ORÆSOVN DA LAVARET
diouz an mintin.

M A Doué ma tat ha ma Saluer
paz eo pliget gueneoch reiff

faire la grace de passer la nuict
pour venir iusques au iour present,
vueille nous aussi maintenant faire
ce bié que nous l'employons tout
à ton seruice : tellement que nous
ne pensions, ne disions, ne facions
rien, sinon pour te complaire &
obeir à ta bonne volonté, à fin que
par ce moyen toutes nos œuures
soyent à la gloire de ton Nom, &
édification de nos prochains. Et
comme il te plaist de faire luire
ton soleil sur la terre pour nous es-
clairer corporellemét, aussi vueille nous par la clairté de ton Esprit
illuminer nos entendemens,& nos
cœurs,pour no⁹côduire en la droite voye de ta iustice. Ainsi à quelque chose que nous no⁹ appliquiós
que tousiours nostre principale fin
& intention soit de cheminer en ta
crainte, te seruir & honorer,atten-
dás tout nostre bien & nostre pro-
sperité de ta seule benedictió, à fin

diff

diff an gracç da tremen an nos, da
donet bette an deiz prefant , pliget gueneoch iuez breman ober
diff an mat fe de impligaff en ho
henor euit dar fin , na foungiff, na
liuiriff , na griff tra , nemet euit
pligout hac obeiffaff do volontez,
euit dre an moyen fe ma holl œu-
frou ma vezint é gloar doz hano,
ha edificacion dam hentez. Hac
euel ma plig gueneoch fcleriffaff
ho eaul voar an douar , euit hon
illuminaff corporalamant , iuez
pliget gueneoch dre an fclerder à
ves ho fperet illuminaff ma enten-
damant , ha ma caloun , euit ma
counduiff en hent eun a ves da iu-
ficç. Hac eualfe pe dra bennac en
em appliquiff, euit ma vezo bepret
ma fin principal ha ma intention
da querzet en ho dougancç do
feruichaff à do henoriff, oz gortos ma mat ha profperité dindan ho benediction , euit dar fin

                              B

de ne rien entreprendre qui ne te
soit agreable. Dauantage trauail-
lans tellement pour nos corps &
pour la vie presente, que nous re-
gardions tousiours plus loin, à
sçauoir à la vie celeste, laquelle tu
as promise à tes enfans. Neanmois qu'il te plaise & selon le corps
& selon l'ame estre nostre prote-
&teur, nous fortifiant contre toutes les tentations du diable, &
nous deliurant de tous les dangers
terriens qui nous pourroyent aduenir. Et pource que ce n'est rien
de bien commencer qui ne perse-
uere, vueille nous seulement pour
ce iourd'huy reçeuoir en ta sainte
conduite, mais pour toute nostre
vie, continuant & augmentant
iournellement ta grace en nous,
iusqu'à ce que tu nous ayes amenez
à la pleine coniunction de ton Fils
Iesus-Christ qui est le vray soleil
de nos ames, luisant iour & nuict

ma coummancciff nettra na ve a-
greabl deoch. Dauantaig ho la-
bourat euit ma corff hac euit ma
huhez prefant euit ma felliff bepret vheloch da gouzout eo dar
buhez æternel, pehini ha heus promettet da bugale. Rac fe pliget
gueneoch, hac eruez ar corff hac
eruez an eneff bezaff ma prote-
ctor, ha ma fortifiaff à enep tenta-
cion an dyaoull, ha ma diliuraff à
ves an oll dangerou terrien pere à
halle donet deomp, Ha rac fe ne
feruich nettra coummancç 'er vat
ma na perfeueret pliget gueneoch
hon receuen ho gracç, noum pas
ep muy quenhizyo, hoguen à het
hon buhez, ho continuy hac oz
augméty pemdeiz ho gracç enouff,
qué ho bezo ma digacçet dar con-
ionction leun à ves ho map Iefus-
Chrift, pehiny eo ar guyr heaul
ma hene, à relius deiz ha nos.

B ii

sans fin & à perpetuité. Et à fin que
nous puissions obtenir telles graces de toy , vueilles oublier toutes
nos fautes passées, nous les pardon-
nans par ta misericorde infinie, cô-
me tu as promis à tous ceux qui
t'en requerrôt de bon cœur. Exau-
ce nous , Pere de misericorde, par
noftre Seigneur Iesus-Chrift.
Amen.

PRIERE POVR
dire au soir.

SEigneur Dieu , puis qu'il t'a
pleu creer la nuict pour le repos de l'homme , comme tu luy as
ordonné le iour pour trauailler,
vueilles nous faire la grace de tellement reposer cette nuict selon le
corps, que nos ames veillent toufiours à toy , & que nos cœurs

ep 'fin ha da bizuiquen. Hac euit
ma guilliff cahout heuelep gracçou digueneoch , pliget gueneoch
an couhat ma pechedou tremenet,
ha pardounit y diff dre ho trugarez
infinit , euel ma oz heus promettet dan re pere ho pedo à volontez
mat. Hon cleuit tat à trugarez, dre
hon Autrou Iesus-Christ. Amen,

ORÆSOVN DA
lauaret diouz an nos.

A Vtrou Doué , paz eo pliget
gueneoch croueiff an nos euit
repos an den, euel ma hoz eus de-
stinet dezaff an deiz euit labou-
rat , roit deomp an graçç da re
pos an nos man eruez an corff,
dar fin ma diuno bepret on eneou
dreizoch , hac hon calounou
B iij

soyent esleuez en ton amour : &
que tellement nous nous demet-
tiós de toutes solicitudes terrien-
nes, pour nous soulager selon que
nostre infirmité le requiert , que
iamais nous ne t'oublions : mais
que la souuenance de ta bonté &
grace demeure tousiours impri-
mée en nostre mémoire: & que par
ce moyen nos consciences ayent
aussi bié leur repos spirituel, comme les corps prennent le leur. Dauantage que nostre dormir ne soit
point excessif pour complaire outre mesure à l'aise de nostre chair,
mais seulement pour satisfaire à la
fragilité de nostre nature, à fin de
nous disposer à ton seruice : aussi
qu'il te plaise nous conseruer im-
polus tant en nos corps qu'en nos
esprits, & nous preseruer contre
tous dangers, à ce que nostre dormir mesme soit à la gloire de ton

bezent eleuet en ho carantez : hac
eualſe ma en em lammimp à pep
ſollicitut terrien , euit hon ſoula-
giff eruez hon infirmité dar fin
noch anchouaimp bizuiquen : hoguen an memoer à ves ho madelez
hac ho gracç bezet bepret impri-
met en hon calounou: hac iuez dre
an moyen ſe hon conſciançou ho
deuezet quen couls ho repos ſpiri-
tuel, euel ma coummer an corff é
hiny. Dauantaig hon couſquet na
ve quet exceſsiff da compleriff da
volontez hon quic , hoguen ep
muy quen euit ſatisfiaff da fragilité hon natur , euit hon diſpoſiff
do ſeruich diuin: pliget gueneoch
iuez hon conſeruiff net quen en
hon corff, quez en hon ſperet , hac
hon præſeruiff ouz pep pirill, hac
iuez hon repos bezet en gloar doz

nom. Et pource que le iour ne s'est
point passé, que nous ne t'ayons
offensé en plusieurs sortes, selon
que nous sômes poures pecheurs:
ainsi que tout est maintenant ca-
ché par les tenebres que tu enuoyes
sur la terre, vueilles aussi enseuelir
toutes nos fautes par ta misericorde, à fin que par icelles nous ne
soyons reculez de ta face. Exauce-
nous, nostre Dieu, nostre Pere, &
nostre Sauueur par Iesus-Christ.
Amen.

hano. Hac iuez pardounit deoump
hon pechedou pere hon eus com-
metet en deiz tremenet , euel maz
oump pecherien paour : euel maz
eo pep tra breman cuzet dre an te-
ualigenou pere à digacçit vouar
an douar , pliget gueneoch iuez
effacçiff hon oll fautou, dre ho trugarez, euit dar fin à palamour dezo
na vezimp quet chacçeet à ves ho
facç. Hon cleuit hon Doué , hon
Tat , hac hon Saluer, dre Iesus
Chrift. Amen.

DE LA PVNCTVATION
en general.

Combien que toutes langues ayent particulierement leurs differenses en parler & escrire n'ont pourtant qu'vne punctuation, il y en à de six sortes : comme il s'ensuit.

i.	,	Incisum.
ii.	;	Comma.
iii.	:	Punctus.
iiii.	?	Interrogans.
v.	!	Admiratiff.
vi.	()	Parenthese.

Le premier caractere est appellé Insisum ou semicirculus , & en François virgule, & en Breton virgula ou virgulen, & il sert pour se-

parer les mots & simples sentences
d'vne matiere.

Le second, est appellé Comma:
tant par les Grecs que Latins, &
& en Breton daou poent : & sert à
separer les fermes sentences d'vne
matiere.

Le troisiéme, est appellé par les
Grecs Colon, & en Latin puun-
ctum, & en François point rond,
& en Breton pouent parfæt. De-
montrant la fin d'vn imperiode ou
matiere.

Le quatriéme, est nommé par
les Latins Interrogans, & par les
François interrogant, & aussi interrogant par les Bretons ? & il se
met à la fin d'vne sentence pour in-
terrogation en demandant.

Le cinquiéme, differe peu du
quart en figure : pourtant il n'est
dit interrogant, mais admiratif,
seruant d'admiratif.

Le sixiéme, est nommé Paren-

these, & sert à fermer vne sentence, laquelle on peut lire hors de la
matiere.

DES ACCENS.

Ccent, est vn point mis sur les
lettres seruans à la prononciation, pour seruir de difference,
comme par exemple, entre vexé
& vexe : blessé & blesse, & est appellé accent agu.

Le grand accent est marqué en
cette façon, par exemple en ce mot
où, qui est en Latin vbi, & en Breton pe en leach : au regard de ou
qui est en Latin vel, & en Bretó pe.

L'apostrophe est vn accent, lequel signifie deffaillance de quelque voyelle & asséblemét de mots,
comme d'honorable , d'autruy,
qu'eux, pour de honorable, de autruy, que eux & autres, tát en François qu'en Breton se peuuent faire.

DE LA

DE LA
PRONONCIATION
Françoise.

ay ou ai pour æ.	**AY** ou ai diphtongue se pronóce comme æ. *Exemple* : Raison, en toute faisó, fait maison.
Oy ou oi pour œ.	Oy ou oi diphtongue œ. *Exemple* : Poisson, fait poyson.
Diphthó- & Triph-ton.	Eo, ea, ei, iei, eu, oe, oei, eau, ou, oeu, yeu, eai euy, se prononcent legerement & sans pose : comme, seoir, veoir, George, beau, dea, veil-le, seille, vieillesse, Sei-gneur, ceindre, veu, beu cœur, sœur, œil, coudre, œuf, bœuf, cieux, vieux, mangeailles, dueil, sueil foüiller, roüiller, &c.

C

Des lettres Alphabetiques & de la diuersité de leurs sons.

B   B. final est mute, comme cromb, plomb, lesquels mots & semblables prononcerez comme cron, & plon.

C   C a diuers sons, comme il se veoit cy dessous.

Prononciations equipolentes & equiualentes.

Cha	xa	scia	sha		chardõ
che	xe	sce	she		cheual
chi	xi	sci	shy	Exemple.	chiche
cho	xo	scio	sho		choc
chu	xu	sciu	shu		chut
Franc.	*Espa.*	*Ital.*	*Ang.*		*Franc.*

Ca, co, cu   Conuient en son & prononciation auec le Latin, Italien, Espagnol, Alleman, Flaman & An-

glois, comme demon-
ſtre ce mot Cacocubi-
naire.

Ca,co. Ca,co,conuient ſeulement auec l'Eſpagnol
ou Moriſque , comme:
Venez-ça François, Ma-
çõ payez voſtre rençon.

Ce,ci. Ce, ci, ſe prononcent
quaſi côme:ſe,ſi, Latin.
Exẽple:Certain,citoyen
certus , ciuis.

Sca,ſco, Sca, ſco, ſcu, conuient
ſcu. à la prononciation Latine, Italienne, Eſpagno-
le & Flamande : comme,
Scabelle,ſcorpion, &c.

Sca,ſce, Sca,ſce,ſci:comme,ſſa,
ſci. ſſe, ſſi. *Exemple* : ſçauant
ſſeptre, ſcience,

D D final tant és polyſil-
labes que monoſyllabes,
eſt ſouuent mute : com-
me, Normand,nud, nid.
Et ſi apres ladite lettre d,

enfuit vne voyelle, vous
la pronócerez comme t.
Exemple. Quand Eſtien-
ne Allemand arriua, il
trouua le grád Edouard.

Nottez que ad, au có-
mencemét d'vne diction
& precedente vne con-
ſonne, ne ſe pronócét (le
plus ſouuent) que pour
a: comme Admiral, Ad-
uocat, aduenir : dót pour
telle ſuperfluité, ſemble
à pluſieurs que deuroit
ſuffir d'eſcrire Amiral,
Auocat, auenir, &c.

E

E a diuers
ſons, có-
me.

{ fenétre,
quaſi æ.
porte, fem.
porté, maſ.
portée,
crée.

F

F, eſt à la fois (ſpecia-
lemét és monoſyllabes)
ſemimute ou mute, có-

me, œuf, bœuf, clef, &c.

Ga, go, gu. G, ſuyuant a, o, ou, u, conuient en prononcia-tion auec le Latin, Italiē, Eſpagnol, Aleman, Fla-men, Anglois, comme Gargantua, Golias, Guſ-man.

Ge, gi. Ledit g, accompagné d'vn e, ou i, ſonné com-me ie, iy. *Exemple.* Ge-meau, giró, Giles, giſaç.

Gua, gue gui. G, ſuyuant ua, ue, & ui, ſe prononce (le plus ſouuent) comme ga, ge, gi, excepté en ces dictiós ſuyuantes, guater, gue, guy, Guiſe.

Gna, gne, gni, gno. Gna, gne, gni, gno, imite à la fois la pronon-ciation Italienne: cóme poignart, trongne, com-pagnie, rognon, &c. Mais à cauſe qu'il heſite en aucunes dictions, cō-

me en digne, cigne, figné
& aucunes autres : plu-
fieurs autheurs moder-
nes ne l'efcriuent où il
n'eſt prononcé, ains ſeu-
lement pour digne, dine,
cigne, cine, figne, fine.

H　　H aſpiration, ſe doit
prononcer en Fran-
çois, hache, reuerberant
le ſõ, car qui le voudroit
appeller hau, (more
Germanique) ſeroit di-
gne d'eſtre appellé mai-
ſtre Valerien, & corrom-
proit auec la lettre, ſylla-
bes, mots & dictions.

Nottez que la ſuſdite
lettre H, reuerbere la
voyelle ſuyuante ſeule-
ment és noms propres &
dictions n'ayans ſource
du Latin : comme Her-
man, Hernãd, Hercules,
Héry, hocqueton, hour-

der, haillons, &c.

j. ⎰ a ⎰ a I, a di-   ⎰ i Latin.
⎰ e ⎰ euers sôs ⎰ y Grec. jLóg.
⎰ y ⎰ o sçauoir   ⎰ ijdoubl. cóf.
⎰ oy ⎰ u *Exemple*, il y a ja douze
⎰ u   ans que Irus est sans argent.

L, aille   L double entre i & e,
eille, ille,   est cóforme en son à lla,
oille,   lle, lli, llo, llu, espagnol,
oüille.   ce qui est assez mal aisé
  aux Allemãs & Anglois:
  à prononcer pour telle
  grasseur *Verbi gratia*,
  baille, caille, paille, tail-
  le, corbeille, seille, sille,
  coquille, &c. *Exception*,
  Ville, village, mille, &c.

M, pour   M, ayant precedente
am.   & coniointe en vne syllabe, se pronóce comme
  am. *Exẽple*: amputer, em-
  bu: & icelle m finale, ou
  precedée b, ou p, se pro-

nonce comme n: comme, embaumer emborgner, nom, renom, &c.

N, pour an.

N, apres e, ou cóiointé auec iceluy, se prononce comme an. *Exemple* : entendement ententiblement, certainement

P

P, est mute estant final, cóme, loup, champ, &c.

S

S, X, Z, finales ont vn mesme só: comme mois, ioyeux, fraiz.

ase, ese, ise, ose, vse.

S, entre deux voyelles, se prononce comme z, ase, ese, ise, ose, vse. *Exemple*. Vase, Diocese, mise, chose, escluse.

asse, esse, isse, esse.

S, double differe grandement en son à la simple, comme aussi font toutes autres simples entre les doubles : & encor que plusieurs mal stilez en façent peu de differé-

ce, si est-ce que ne suy-
urons leur opinon : ains
exhorterons la ieunesse
prendre égard à l'orto-
graphe & vraye pronon-
ciation, se donnant gar-
de d'escorcher les mots,
gros pour grosses, foi-
bles pour foiblesses: gras
pour grasses : fines pour
finesses : sages pour sa-
gesses : bel pour belle,
quel pour quelle : nul
pour nulle: sot pour sot-
te, *nec vice versa.*

T, final és dictions po-
lysyllabes est mute, com-
me vertueusement, vi-
goureusement, soigneu-
sement, hardiment : aux
monosyllabes non, com-
me net, pet, fait, guet,
&c.

Nottez que t, deuant
ion, se pronóce comme

tion ou cion. *Exemple.*
Imagination , declama-
tió, &c. reſerué aux mots
ayants ſ. auant t, comme
baſtion, &c.

üa, üe, üi,
üo,
va, ve, vi,
vo, vu,
conſoná,

V ſimple a deux diuers
vocal ſons : car quand il eſt
voyelle , il ſe doit mar-
quer ú, à celle fin d'auoir
meilleure intelligence
de pluſieurs vocales
equiuoques & autres,
pour donner ayde à la
ieuneſſe : comme ſoüil-
lon, broüillon, &c. & aux
equiuoques,

	Voyelles.		Conſon.
	lieüre	lieure	
	tenüe	tenue	
	beüe	beue	
	eüe	Eue	

vva, vve,
vvi, vvo.

Le François n'vſe guere
de double v, ſi ce n'eſt en
ces vocales ſuyuantes :
comme vuider, vulgaire
vueil, &c.

Brieue Instruction pour sçauoir lire le François.

SI voulez sçauoir bien lire le François, ayez esgard à la derniere lettre de chacune diction, & à la premiere de la diction immediatement suyuante : car si elles sont differêtes, à sçauoir l'vne voyelle, & l'autre consone, vous prononcerez la finale & l'autre suyuante, & autrement non. *Exemple.* Allons auant, auez vous fait vos negoces?

Regula patitur excep. L, m, n, r, Liquides, ne sont comprinses en ceste regle, & aussi les dictiós terminées en c, en z & en s, cum hac coniunctione, auec inobedientes : car nous

disons auec puissance, &
auec grand nombre. Ils
ont, ils estoyét ou ils auront, ils entendent : auf-
quels mots, ils ne se prononce que pour il.

Des lettres receuant apostrophe.

C', d', i', l', m', n', r',
s', t', qu', reçoyuent a-
postrophe.

Vous pronócerez dóc
semblabes mots sans po-
se & à vn trait : comme,
c'est & non ce est, d'amy
& non de amy, d'eau. &
non de eau, &c. par la regle comme dessus est de-
clarée.

Ie ne feray icy men-
tion de la mutation
& changement des let-
tres en autres, à cause
qu'on en peut trouuer
intelligence suffisáte en
plusieurs Grá. Fráçoises.

Terminaison,

Terminaiſon, pronoms, & articles du genre maſculin.

Terminaiſ. Exemples. Exception.

Terminaiſ.		Exemples. Exception.
Le	b	plomb
lequel	c	arc, excep, lembic.
du	d	pied, nid.
duquel	é parti.	changé, excep. ité, comme charité.
au	f	chef, excep. nef, ſoif, clef, lembic.
auquel	g	bourg, coing, ſoing.
il	h	eſtomach.
luy	i	cri, exce. ſouri, merçi.
celuy	y	gay, excep, paroy, foy.
iceluy	l	mal, cal.
ce	m	nom, excep. faim.
cet	n	an, en, in, vn, vin, &c. excep. parfin, nonain.
cettuy	p	loup, champ, hanap.
mon	q	coq.
ton	r	ar, er, ier, ir, or, ur, papier, excep. mer, tour.
ſon	ſ	dos, excep. vis, perdris

D

chauuefouris.

aucun	t	combat, excep. mort, hart, dent, court.
chacun	v	trou, feu. excep. vertu eau, peau.
nul	x	courroux, faix. excep. toux, chaux, voix.
quicóque	z	nez, excep. retz.

La maniere de former du mafculin adiectif fon feminin.

B Adiect. mafcu. fait fon femin. e. comme crób, crombe.

c faitche & que, comme blác, Grec, bláche, grecque.

d fait e, cóme laid, ord, truand, laide, orde, truande.

e participe fait.cé, comme, cour-roucé, courroucée.

f fait iue, comme, oyfif, oyfif-ue, tardif, tardifue.

g fait ue, ne, comme, long, ló-gue, malin, maligne.

i fait ie, comme, ennemy, ennemie.

l | fait le, comme, mol, molle.
n | fait e, côme, vain, vaine, bon, bonne, vn, vne.
r | fait comme, drapier, drapie-
re.
ſ | fait as, es, os, ſa, ſe, côme, gras, graſſe, eſpes, eſpeſſe, gros, groſſe.
ois | fait e, comme, Frâçois, Fran-çoiſe, Anglois, An-gloiſe.
t | fait e, comme, eſtroit, eſtroi-te, fait, faite.
v | fait e, comme, rompu, rom-puë, venu, venuë.
x | fait ſe, comme, vertueux, ver-tueuſe, vicieux, vicieu-ſe, doux, douce.
z | fait ſa, comme, frais, fraiſche.

Terminaiſons, articles, & pronoms du genre feminin.

Terminaiſ. Exemple. Terminaiſ.

La   be   ro be, excep. limbe.
laquelle ce ſapience , grace, ex-
        cep. poure , calice.
de la   de   garde excep. monde,
        coude.
de la-quelle ée cheminée , excep.
        caducée.
à la   affé greffe coeffe.
à laquelle ge cage, excep. à ge, cum
        neutris à Latino or-
        tis.
elle   ye   vie, excep. ſaye, foye,
        yuroye
celle lle, le ſalle , perle , excep.
        poelle mouille, ſti-
        le, merle, h, r, e.
y-celle me plume, excep. abime,
        pſeaume, heaume,
        terme, careme, tré-
        che plume.
ceſte ine, gne, ne, medicine , ro-
        gne, carene, excep.
        aumone, domaine,
        origine, trône.
ceſtecype coupe, excep. creſpe,

cum neu. Lati.

ma　que　fabrique, excep. muſi-
que , trafique cum
neu. Lati.

ta　rre　terre, excep. caractere
cum neutris.

ſa aſe, eſe raſe: excep. vaſe, di oceſe.
aucune iſe, oſe, guiſe, choſe, excep.
marciſe.

chacune ſſ　promeſſe, proeſſe.
nulle　t　poureté, excep. reſte,
geſte, côté, giſte,
eté, contract, ma-
giſtrat , &c.

queconque ve , ne, tue , caue, ex-
cept. glaiue, & or-
ta à neut. Latinis.

vne che　houche, excep. Dimé-
che , auſtruche,
porche.

Noms　Oeuure, affaire, euan-
cõmuns　gile, nauire, duché,
conté , gent , val,
aide, grand, amour
& teſte ſont ſubſtá-

tifs communs.
Terminaison des Adiectifs com-
muns, & seruans tant à l'hom-
me comme à la femme.

Be, ce, de, ge, che, ile,
aire, me, ne, esse, te, ble,
bre, cre, dre, fre, gre,
pre, tre, vre, sont com-
muns : car nous disons
indifferemmēt à l'hom-
me courbe, comme à la
femme propice , rude,
ramage, riche, agile, cō-
traire, vltime , amene,
honeste , honorable, li-
bre , mediocre, tendre,
saffre, allaigre, apre, opi-
niatre , & yure , &c.

Nostre & vostre sin-
guliers sont communs.

comme,
{ { nostre { pere
  {   { mere
  {   { frere
  {   { sœur
  { vostre { compagnon.

Et noz, voz, les, dez, aus,
ces, mes, tes, ſes, plu-
riers ſont auſi com-
muns. Ie dy ſeruants
tant au maſculin que
feminin.

Comme noz bons amys.
Vos bonnes amyes. Les
prochains voiſins. Des
prochaines voiſines. Aux
beaux enfançónets. Ces
belles fillettes. Mes bons
valets. Tes bonnes cham-
brieres.

Des diminutifs François.

Eau, & or, con, in, ſont
maſculin & ine, erte,
otre, elle, feminin ſont
terminaiſons des dimi-
nutifs François, com-
me larróneau, fourneau,
hómelet, cheualet, cler-
çon, gallantin, muſquin,
vinot, chenot, gallanti-
ne, femelette, &c.

DE LA
PRONONCIATION
Bretonne.

Ae.   POur les diphton-
gues, æ, diphton-
gue se prononce comme
é simple. Comme par
ces exemples: Oræsoun
coniuguæsoun.

Oe.   Les Bretons nusent
car. guere de ceste diphton-
gue œ, parfois se trou-
ue, mais bien rarement.
Comme en cét exem-
ple: œsiff.

Au.   Au, conuient à la prononciation Frâçoise, La-
tine, comme, (Autrou,
auter, ausill, auten) mais
quant vne voyelle en-
suyt apres au, alors u sera consonante. Comme

par

Au.   par ces exemples (aua-
u   liff, auelaff, auiaff, aui-
conſon: ſaff, auortaff) &c.

Eu.   Eu, conuient auec les
François & Latins, com-
me, (beuziff leunyaff,
leufran) mais quant vne
voyelle vient apres u el-
ū   le ſera faite conſonante,
conſon: comme au diphthongue
au, par exemple (leue-
nez, liuirit.) Et quant
vn y grec enſuyt apres u
ū   elle ſera faite (le plus
voyelle.   ſouuét) voyelle. Comme par ces exemples,
reuyat leuyat, &c.

Des lettres alphabetiques & de leurs ſons.

B   B, à la fin du mot ſe
prononce comme en cét
exéples.   *Exemple.* Moab, notez
que b, au commence

E

ment d'vne diction &
precedente vne conso-
ne, ne se prononce (le
plus souuent) que pour
la voyelle au parauant:
comme en ces *Exemples.*
Subdiacr , substance,
dont plusieurs disent
sudiacr au lieu de sub-
diacr, & semble à plu-
sieurs que deuroit suffir
d'escrire sudiacr , su-
stance, &c.

C   C, a diuers sons, comme cy dessoubz.

Prononciations equipolentes.

Cha		xa scia		chatal
che	*Idem.*	xe see	*Exemple.*	chede
chi		xi sci		chilpat
cho		xo scio		choanen

Bret.Frãç.Esp.Ital.   *Breton.*

ç   ç, Conuient auec le
a queuë. François, Espagnol ou

Morifque. Mais les Bretons (fi ce n'eft à la fin du mot) mettent apres ç, vn fimple c, ou vn z, comme par ces *Exemples.* Mançzoun ou mâçcoun, daçcoun ou daczoun, Francçes, rançcoun ou rançzoun, &c.

C final. C, final conuient auec le Latin & François, comme par *Exemple.* Franc, quic.

Sca, fco, fcu. Sca, fcò, fcu, conuient à la pronóciation Françoife, Latine, Italienne, Efpagnolle & Flaméde. *Exemple.* Scabel, fcolaftic, fcudel.

D. D, final eft toufiours prononcé, comme en cét *Exemple.* Chad. Confiderez que ad au commécement du mot

& precedente vne con-
sone ne se prononce (le
plus souuent) que pour
à, comme les François.
Exemple. Admirabl, ad-
uertissaff, dont semble à
plusieurs que deuroit
suffir d'escrire amirabl,
auertissaff, &c.

D
pronon.
  Mais si apres d, en-
suyt vne voyelle, alors d,
sera prononcé, comme
Adam, adarre.

F
  F, finale est mute spe-
cialement és noms mo-
nosyllabes, comme en
ces *Exemples.* Ef, euf.

ff
  Notez & considerez
que cette ligature ff, à
la fin de la diction est
seminute ou mute, ouy
quand vne voyelle vient
au parauant ff, comme
par ces *Exemples.* Custu-

miff, cuſulyaff, cargaff.

Notez auſsi ſi apres ladite ligature ff, enſuyt vne conſonante (ſpecialement es noms monoſyllabes) eſt prononcé, cóme leffr, corff, &c.

ff pronon.

G. final eſt prononcé (le plus ſouuent) comme (gag)

G

G. ſuyuant, a, o, ou, u, conuient à la prononciation Françoiſe, Latine, Italienne, Eſpagnolle, comme en ces *Exemples*. Gardian, goat, goarec, gouſperou, guerzit, guers.

Ga, go, gu, gou:

G. ſuyuante e, ou i, conuient à la prononciation Françoiſe, & ſonne cóme ie, iy, comme en ces *Exemples*. Getouer, gener, gingebr.

Ge, gi,

E iii

Gue, guy,   G, suyuant, ue, ou ui, se prononce comme ge, gi, *Exemple.* Guell, guelf, guidoroch.

Gna, gn, gno.   Gna, gn, gno, suyt la pronóciation Françoise, & imite à la fois la prononciation Italienne, comme pouignart, indign, coumpaignunez.

H   H, Aspiration, se doit prononcer en Breton hach, reuerberant le son.

Considerez que la susdite lettre h, reuerbere la voyelle ensuyuáte, seulement és noms propres & dictions, non ayant source du Latin, comme Herry, Hermes, habasq.

I   I, au commécement de la diction est faite (le

plus souuent) conso-
nante , comme en ces
Exemples. Iort, ioeussat,
Ierom , Ioentaff.

j.   j, Long se prononce
long. comme le François.
Exëple. Iahan ou yahan.

tj.   Cette syllabe tj , en
Breton se prononce (le
plus souuent) comme si
seroit en cy , & imite la
prononciation Latine
& Françoise, comme en
ces *Exemples.* Pollution,
iubilation, traduction.

K   K, conuient à la prononciation Françoise,
& imite à la fois la pro-
nóciation Latine , com-
me, klander, knech, &c.

L.   L, finale est touiours
prononcée, comme par
Exemple. Abominabl,
agreabl, moal, tal, gall.

P   P, estant final , est prononcé, comme map, cap.

S, X,   S, X, finales en la langue Bretonne ont vn mesme son , comme penaux, ammeus.

V   V, parfois se prononce presque en o, & imite la prononciation Françoise, Latine , comme aut, hanu, penaus.

Z   Z, ne conuient ny auec le Latin, ny auec le François, mais les Bretons ont leur maniere de la prononcer , comme en ces *Exemples*. Beuziff, grizien.

Les pronoms & articles du genre masculin Breton.

Ef, hennez, heman,

dezaff, &c. *Exemples.* Ef,
à car , hennez fo drouc,
heman eo an regant , ret
eo dezaff donet.

Les pronoms & articles du genre feminin.

Hi, houmez , hou-
man, deziff , &c. *Exēples.*
Hi fo mignounez de-
zaff, houmez eo an mæf-
tres , houman à fo caer,
demezet eo deziff.

Hon & ho , finguliers
& pluriers font cōmuns.

Comme, hon tat, hon
mam, hon querent, hon
eontr , ho breuzr , ho
choar , ho mignounet,
ho bugale. Et fignifient
en François , comme,
noftre & voftre , & en
plurier nos & vos.

Ny, ma, ou, va, da, ar,
dan, sont aussi cōmuns,
seruans tant au mascu-
lin qu'au feminin.

Comme par ces *Exem-*
ples. Hon bugale ny, ou,
ny à car, ma tat, ou, va
zat, ma breudeur, va
mouez rebet, da guil-
lou, da mary, ar gruech,
ar ministr, dan autrou,
dan itroun, ou, dan
autrounez. Ces noms
icy dessoubs, peuuent
estre mis tant au singu-
lier qu'au plurier, ex-
cepté ny.

La maniere de former du masculin
le feminin, en adioutant es.

Comme, al, oun, ant,
er, ly, &c. Mais ne pen-
sez pas qu'on forme de

tout masculin , comme
de noms propres &d'au-
tres, mais des tiltres
qu'on donne aux hom-
mes outre leurs noms
propres, comme le mas-
culin, Senessal, feminin,
Senessales , Baroun , Ba-
ronnes , Velly , Vellyes,
Letanant , Letanantes,
Procurer , Procureres,
& ainsi des autres.

Des diminutifs Breton.

Ie, an, masculin ou
feminin, comme nous
disons indiferamant,
map, mapic, ou map bi-
han , merch , merchic,
ou merch bihan, gruech
diminutifs : gruechic
ou gruech bihan, le di-
minutif Breton est for-

mé, mettantic, ou bi-
han apres le primitiff
comme cy deſſous, en-
core par cét *Exemple*
Mail, primitif, maillic
ou mail bihan, dimi-
nutif, &c.

F I N.

Extraict du Priuilege.

& Libraires , Eſtrangers &
autres perſonnes de quelque
qualité qu'ils ſoyent, d'imprimer ou faire imprimer,
ny mettre en vente ledit Liure durant le temps de cinq
ans , à commencer du iour
qu'il ſera acheué d'imprimer , ſous couleur de fauſſes
marques & autres deguiſe-
mens , ſans le conſentement
& permiſsion dudit Allienne, ſur peine de confiſcation,
de cinq cents liures d'amen-
de & de tous ſes dommages
& intereſts : à la charge d'en
mettre deux exemplaires à
la Biblioteque publique de
ſa Majeſté : voulant ledit
Seigneur, que ledit Priuilege
ſoit tenu pour verifié en le

mettant (ou vn bref extraict
d'iceluy) au commencement
ou à la fin d'vn chacun dudit
Liure. Signé par le Roy en
son Conseil.

RENOVARD.

Et seellé du grand Sceau
en cire jaulne.

Acheué d'imprimer le 15.
de Ianuier 1626.